Sophia 陳綺萱　著

Wo-Ho !

北海道打工度假去！

計程車司機送我的風景照

前言

去過日本將近二十次，從來沒有料到，我會愛上一個地方勝過東京。
而我卻愛上了北海道。

　　我從小在屏東長大，稻田、鐵道和鄉間小路是再熟悉不過的風景。

　　時光流轉，長大後搬離了老家，外婆也不在了，懷念的老眷村如今已了無人煙。

　　在美瑛工作了一個多月，車站的木村先生曾經問我對這個地方的印象如何，我說：「來到這裡的感覺，就好像回到了童年。」

是啊，不會有一般都市小孩對於鄉下地方生活不便的排斥，我反而覺得生活在今日仍以農畜業活躍著的北海道鄉村小鎮，無形之中似乎也讓我記憶深處那個小時候所居住的外婆家，在腦海裡復活了。

　　在車站的日子裡，我不是歌手，也不是寫詞人，我就是我，原原本本的自己。

　　夢幻打工是一段追尋自我的旅程，在那之前，我曾經掙扎起自己往後的人生是否應該換一條不同的路線走，是否應該放棄自己一直以來任性追逐的夢。

　　然而，結束了夢幻打工之後，我並沒有如當初所想的放棄原本所努力的堅持，而是發現，原來我從很早以前，就找到了最想做也最適合做的事了。

　　很感謝2010年夏天在JR美瑛車站夢幻打工的這個經驗。

　　2011年對我來說是一個很重要的開始，當然，出版人生中的第一本書更是這開始中的開始。

　　這本書的內容包含了許多面向，從我學習日文的歷程、夢幻打工的經過、旅遊玩樂到打工資訊和案例介紹全都寫進來了。因為語言能力的建立不僅是促成我順利前往打工度假最重要的過程，相信也是許多朋友在計畫要前往日本打工度假會遇到的難題，因此特別在一開始就先分享自己的經驗。而既然名為「打工度假」，除了打工的經驗外，當然玩樂更是不能少，因此在打工之餘我也去了不少地方玩，也因此結交到不少朋友，這些都想和大家分享。

　　為了呈現出最完整豐富的內容，我可是盡了最大的努力，希望我的經驗能成為對讀者有用的參考。

　　謹以本書獻給一直以來相信我的人，特別是我最愛的家人，還有，我的外婆。

　　敬，未來。

目錄

目錄

我愛。故我學日文

——語言，是踏出打工度假的第一步，
自修、補習班、到東京上語言學校，學日
文的方式一樣都沒少

宇多田光《First Love》專輯 &
MISIA《Everything》單曲

《Everything》音樂
錄影帶拍攝地：橫濱
赤煉瓦倉庫

♥ 愛上日文，從日劇開始

「興趣」決定一切

說起蘇菲亞學習日文的過程，其實很漫長，前後也有超過十年的時間，上過補習班、家教課、自學，最後再到東京去念語言學校⋯⋯該經歷的過程都沒少過，甚至有過之而無不及。也因為這些經驗，所以累積出了一些心得可以跟大家分享，或許在其中就可以找到適合你的。

對於「日文」，相信很多人都是從日劇開始產生興趣的吧。

而在我這個世代，許多人看的第一部日劇都是《東京愛情故事》。從小就愛幻想的我，因為被日劇的情境深深吸引，從此愛上了看日劇，也與日文結下了不解之緣。至今，我都還記得那時候每週同一時間守在電視機前的期待與興奮感。

日劇《大和拜金女》拍攝地

　　日劇剛引進臺灣的時候，還是以中文配音播出，後來才漸漸順應時代改為原音播出，所以我一開始接觸日文並不是從聽日劇台詞開始，而是透過「主題歌」。相信很多人也都跟我一樣，雖然完全不懂歌詞的意思，卻能靠著對發音的記憶，完整唱出小田和正的〈愛情總是突然發生〉（ラブ・ストーリーは突然に）。

　　大學一年級的時候，最紅的一部日劇是《魔女的條件》，同時主題歌〈First Love〉和演唱人宇多田光也跟著紅透半邊天。那時雖然我在學校已經選修了日文為第二外語，但是只會五十音的程度卻還不足以背下整首歌的歌詞。因此為了學會唱這首歌，我特地在網路上找到羅馬拼音歌詞，再不斷反覆跟著CD練習，才終於學會並公開演唱，只不過當時對於歌詞內容的理解還是一知半解。

　　而我開始真正喜歡上日本流行音樂，也就是所謂的J-POP，同樣是透過日劇主題歌。我記得非常清楚，某天晚上守在電視機前等著看日劇《大和拜金女》的播出，當主題曲前奏的弦樂一下，MISIA用她渾厚而高亢的嗓音，一字一句充滿感情地唱出〈Everything〉時，我整個人深受感動，那份感動至今仍然不變。

♥遊戲、雜誌、音樂
都能幫助日文學習！

蘇菲亞說要 check！

聽J-POP學日文最重要的優點是，唱歌無關「語調」。只要發音和旋律唱得對就好，因此比起會話又少了一項門檻，而且CD一放就有老師教你，所以在沒有對象可以練習日文的狀況下，學唱日文歌無疑是一種累積單字和矯正發音的好方法。

　　憑著對日本流行文化的好奇，即使結束了大學選修的日文課程後，我還是斷斷續續在不同的日語補習班上過課，有跟同學一起上過家教班，也有上過小班制的課程。我想這一切就是因為興趣在支撐著我。

　　現在想想「唱歌」也許是最有利我學習日文的幫手。

　　而常聽J-POP，也會發現即使不同的日文歌也會常常出現同樣的字眼，簡單的像是「夢」、「心」、還有日文的「你、我、他」等等，聽久了自然也會記住那些字的發音。

　　興趣是開啟一切的鑰匙，蘇菲亞因為一首歌掉入了J-POP的世界，因為喜歡夢幻的戀愛情境而看了無數部日劇，因為想知道當季的流行而定期翻閱日本雜誌，也因此對學習日文有源源不絕的熱情。你的興趣是什麼呢？是動漫？是閱讀小說？還是烹飪或做手工？找一個你喜歡的領域下手研究吧！

♥日本進口書籍雜誌

「有趣」讓日文更進步

隨著媒體環境的開放，在臺灣能夠看到的日劇愈來愈多，能夠聽到的日本流行音樂也愈來愈豐富，更不用說書店裡琳瑯滿目的日本進口書籍雜誌等等，因此學習日文的管道也愈來愈多元了。

當然，最直接簡單的學日文方式當然是上課，但如果你是自學，或是想進一步提昇日文能力的話，就要想辦法讓日文變得有趣才行。例如如果想藉由「閱讀」來學習，比起教科書，我更建議可以先從「雜誌」入門。

因為雜誌文章的內容比起書來得輕鬆易懂，用的外來語又多，如果你的英文還不錯，也背熟了平假名、片假名，加上華人在漢字閱讀上的優勢，看一般的日文雜誌時配上圖片至少也可以看得懂個三四成以上。

如果一開始就獲得自信心的話，對於學習語言就會更起勁，效果也會更好。

而且，雜誌多樣化的內容和主題不僅有趣，不容易疲倦，更是學習日文的好材料。像我就因為對星座運勢很有興趣，便在這常看的單元裡學到了「片思い（單戀）」這個課本不會教的單字。而看服裝雜誌時也讓我學到了很多在東京旅行逛街購物時更加得心應手的單字，例如：圍巾、絲襪、針織衫、靴子等等，獲益良多。

再則，看日劇或電影的時候，你會打開耳朵聽嗎？還是全都依賴眼睛盯著翻譯字幕呢？如果想學好日文，請記得一定要認真聽劇中人的對話喔！

因為看日劇大概是除了上補習班和實際到日本去生活以外，能夠學到生活會話最好的管道了。不像漫畫只有文字和圖片、也不像音樂只有聲音，戲劇除了台詞，還看

得到演員的表情動作及配合情緒說話的語調，如此你便可感受到即使同樣一句「爲什麼（どうして？）」或「我愛你（愛してる）。」在不同的情境下會有不同的語調，以及配合情境該用怎樣的語調去表達才是正確的。

還有，面對不同的對象說話，該用常體或敬體，比如說跟家人或朋友就用常體，在工作的場合或與長輩交談就必須用敬語等等。這些臺灣人不熟悉的日式用法，透過日劇的傳達也會更容易理解。

日語表達的方式比起中文較爲委婉，也可以說是曖昧，這是因爲日本人不習慣說話太直接，常常會拐彎抹角的關係。而透過日劇前後劇情的連貫，我們才可以更加了解日式的思考和他們說話的方式，學習如何實際運用。

要是你有一部很喜歡的日劇或電影，不妨買下DVD來收藏吧！現在坊間有些日劇或日影的DVD會有日語字幕可以切換，如果你已經把劇情看到滾瓜爛熟了的話，乾脆就換成日語字幕再多看幾遍，把那些聽到都會背的台詞的日文也學起來吧，這是最快的方式之一。

以上都是讓日文變得有趣的方法，相信你也可以找到適合你自己的。經由有興趣的事物去學習日文，會讓日文變得容易；而把學習變得有趣，則可以延續學習的動力，不但一兼二顧，相信你更能體會到樂趣。

蘇菲亞說女 check！

如果你有日本偶像的話，還可以進階去閱讀明星藝人訪談的單元，除了可以了解所喜歡的偶像的想法之外，更重要的是可以學到如何使用「日文的口語方式」去表達自己心裡的想法，因為有些口語的文法跟在書寫時是有所不同的。

日雜的偶像連載單元

親愛的美嘉，我想聽懂妳說的每句話

認識我的朋友都知道，我最喜歡的日本女歌手是——中島美嘉，甚至在我的部落格裡還有一個分類叫「No MIKA No Life」，專門放和她有關的網誌文章。

為什麼最喜歡她？為什麼不是唱得更好的MISIA？為什麼不是更會創作的宇多田光？中島美嘉在我心中的地位之所以這麼高當然不是沒有原因的，也絕不是盲目崇拜。

坦白說，第一次聽到中島美嘉的歌聲，我沒有很喜歡。

記得那是2002年，我聽到她的第一首歌是〈WILL〉，但是只聽聲音卻覺得這個人唱歌沒什麼感情，然後就把CD擺一邊了。第二次再聽到〈WILL〉，是她的MV在電視上播出時。「哇～女神！」是當下浮現在心中的第一個想法，我從沒有看過拍得這麼美的MV。然後我才又回去仔細聽了那整張專輯，並邊聽邊研究歌詞本。

進一步了解她後，我便被她的音樂和視覺包裝所吸引，於是開始收集她的單曲。2003年8月，中島美嘉的第九張單曲〈FIND THE WAY〉發行，當時的我已經大學畢業，剛簽進華研唱片，正在籌備改團名為「JS」後重新出發的專輯。

因為離開歌壇有一段時間，新公司的工作團隊對新專輯的創作及我們個人的藝人特質有諸多的疑慮，進而轉化為對每個小細節更高標準的要求，無論對唱歌的我或寫歌的哥哥來說都有著極大的壓力，我曾經一度覺得自己就快撐不下去了，甚至開始懷疑自己是否真的適合走唱歌這條路。

♥找朋友合作NANA的Cosplay概念單曲

就在接近絕望的谷底那一刻，我聽到了中島美嘉自己作詞的〈FIND THE WAY〉這首歌。弦樂、鋼琴配上她輕柔溫暖的歌聲，唱著：「你為何用小小的手心，背負傷痕是為了什麼？」、「就算沒有言語、沒有飛翔的雙翼，也要像不輸給狂風般」、「在前進的道路彼端，一定可以找到光明」、「You'll find the way」……這些歌詞字字震撼著我的心，淚水也禁不住地奪眶而出，就是這首歌把我從絕望中拯救出來，讓我決定不管再苦，都要繼續用生命去歌唱，因為光明就在彼端，總有一天我會找到我的出路。

曾在書店架上看過一本《一生受用的一句話》的書，我想〈FIND THE WAY〉對我來說，就是一生受用的那一首歌吧！沮喪的時候，只要重新聽一遍這首歌，好像就能再找到自信、再看見希望。「中島美嘉」這個名字自此有了更深刻的意義，對我而言已不僅僅是「偶像」這兩個字足以說明。

2004年，我終於第一次到東京看她的演唱會，從她口中唱出來的旋律直接傳到我的耳朵裡，那種感動更加倍！演唱會中除了唱歌，當然還會利用時間和歌迷們說說話，只不過當時我的日文還不夠好，靠單字只能聽懂個大概，所以當2005年第二次去看完演唱會後，我便下定決心要好好學日文。

「因為我想聽懂我心愛的美嘉所說的每句話！」——當時的演唱會遊記裡我這麼寫著。

也就是因為這樣的想法在我心中萌芽，才會促使我在2007年毅然決然前往東京念語言學校。

CANDY GIRL 單曲通常盤

中島美嘉10週年紀念展@札幌

☺ 東京滯在九十天，
我在日本語學校的日子

將夢想化為現實

面對心中有一件無論如何想完成的事時，首先我做的就是請教身邊有相關經驗的朋友。

向大學同學Hazuki仔細詢問了關於念語言學校的細節，知道她當時是透過代辦處理入學手續，學校則是位在澀谷的東京日本語學校（又稱長沼學校，Naganuma School），是一間歷史悠久很正規的語言學校。詢問過代辦中心後，發現代辦費不貴，約莫1000~2000元左右，所以我也決定一切簡單處理，選了跟同學一樣的學校報名，而在東京的住處也請代辦幫忙找。

2007年春季（4~6月）的課程，我早在2006年11月就報了名，其他同學多半是12月才報名，甚至有朋友到了1月臨時決定要去念，長沼就已經額滿了，只好改報在澀谷的另一間語言學校。所以在這裡也建議想去念書的朋友，一定要盡早報名。

報名不難，只要填些資料、繳學費就行了，比較麻煩的其實是決定住處。透過代辦可以取得學校宿舍或是共立學生會館的資料，但我所選擇就讀的長沼學校，該校宿舍只提供給長期生，所以念短期的我無法申請。

於是我只好從代辦提供的幾間共立學生寮裡去做挑選，不過並無法像在臺灣找房子，看過了房間的格局配備等書面資料後，還能到現場去看實際屋況。簡單來說，在臺灣找日本的住處只能憑空想像，因為代辦人員本身也沒有實際住過或到現場看過，因此也無法提供實際的建議。

那麼就要從自己覺得必要和不必要的條件去做篩選了，比如說我當初決定在東京的三個月除了學好日文以外，最重要的就是要好好地品嚐美食，同時不想浪費太多錢在住宿上，所以沒有選擇附早晚餐的學生寮，但是有廚房、餐廳和冰箱的宿舍就成了首要考量。如此一來，就算要自己下廚或儲存食物也很方便，同時因為沒有供餐，所以住宿費也比較便宜。

蘇菲亞說要 check!

在東京生活平均一個月花費約10萬台幣，
包括一季學費大約7~8萬元，宿舍房租每個月
1~2萬元，加上入學後的教材費、交通費、餐
費等等生活開銷。不過，如果可以從餐費上
節省一點的話，其實一個月大概7~8萬
的預算也沒問題。

● 東京住宿怎麼選？

那麼，在這裡稍微介紹一下在東京住宿的幾種基本選擇給各位參考：

1.共立學生會館

費用：約1~2萬台幣／月
優點：費用較便宜、可以結交其他留學生或當地朋友
缺點：衛浴大多共用、較吵雜
學生會館GUIDE（繁中）：http：//www.gakuseikaikan.com/index.html

　　類似於學生宿舍，隨著地點與價位不同，同住的成員會有亞洲學生偏多或日本當地學生偏多的情形。宿舍裡每個人會有個別的房間，但是衛浴多半是共用澡堂或淋浴間，也有洗衣間，另外會有餐廳、食堂或會客室等空間。不過，等級好一點的房間內就會另外附洗臉台，刷牙洗臉等，不必跟別人擠。

2.Guest House

費用：約1萬5台幣／月
優點：合租房間費用低廉、可以結交歐美留學生朋友
缺點：居住成員較混雜
Sakura House（繁／簡中）：http：//www.sakura-house.com

　　這一種月租型的合租房間稱為Guest House，有點類似臺灣的分租公寓的感覺，其淋浴間、廁所、廚房、客廳等空間都是共用，例如：Sakura House（櫻花之家）。由於費用低廉，又採自助管理方式，生活起居較自由，因此這種形態的住宿有很多歐美人喜歡利用，如果你除了日文對其他語言很有興趣，或是你希望能結交到不同國家的朋友，就可以選擇住在Guest House，不過歐美人的生活比較開放，這一點要考慮自己是否能接受。

公寓房間

3.Leopalace 21

費用：約3~4萬元台幣／月以上
優點：價位中等、介於套房與學生宿舍之間
缺點：如無法一人負擔租金則需找人分租
Leopalace21（繁中）：http：／／www.leopalace21.com

　　Leopalace提供短期三十天以上到長期居住的公寓或大廈房間租賃，租金價格在一個月3~4萬元左右，就像是一般附家具的套房，注重個人隱私和生活空間又負擔得起租金的人可以一個人住，或者與好朋友合租。找這類型的房子比找一般房仲方便的地方在於不需要保證人、禮金等繁瑣的手續和費用，可以透過網站或者直接到臺灣的分公司找到適合的房子和辦理租屋。據說日本官網有時還會釋出租金五折或七折優惠的物件，如果幸運找到，還能以相當划算的價格租到理想的房子。

　　以上三種是最常被一般留學生利用的住宿方式，但在這裡蘇菲亞還要另外特別介紹一種較少人使用的方式：

4.Weekly Mansion

費用：約3~6萬元台幣／月
優點：擁有完整的個人空間
缺點：費用較昂貴
Weekly Mansion Tokyo（繁/簡中）：http：／／www.wmt.co.jp

　　這是一種設備完善的經濟型公寓，採飯店式管理的方式，最初只提供租住七晚以上，但現在已經開放不管只租住一晚或到長期逗留都歡迎。房間內附有簡便的廚房、免費上網和洗衣設備。以「Weekly Mansion高田馬場」為例，單人床的單人房租住三十天的未折扣金額約為6萬元，特殊房型的折扣價還可減至約3萬元出頭，這樣的價位可能比較適合注重生活享受且無預算考量的社會人士。

　　以上這些住宿方式，大家都可以衡量自己的能力與需求，挑選最適合自己的。不過，在此蘇菲亞也要特別建議可以找離學校近或交通愈方便的宿舍愈好。因為大家常

常會忽略了，在東京搭電車的交通費也是一筆很大的開銷，即使使用定期券也一樣，若為了省住宿費住在偏僻的郊區，浪費了過多的通車費用和時間，還不如找一間交通方便但租金高一點的住處。

　　如果是一年以上的長期生，則可以透過房屋仲介來尋找適合自己的房子，不過除了需要相關證件、保證人及禮金等等之外，家具和電器可能需要自行購買，網路、電話也要另外申請，每個月的租金大約3萬元／月起跳。

　　最後有個小小叮嚀，就是代辦協助辦理語言學校入學手續時，他們同時還會幫忙申請國際學生證，有了這張學生證就可以訂一年期的學生機票，參觀博物館、美術館等設施也會有入場優惠，期限內看電影或買車票還可享有學生價，可說是妙用無窮，如果要自己處理入學手續的話，也別忘了去辦一張喔！

國際學生證申請

中華民國臺灣國際青年之家
地址：台北市忠孝西路一段50號12F-10
電話：（02）2331-7272／（02）2311-5067／（02）2331-8366
網址：http://www.edu-fair.com/Fair/ISIC.html

蘇菲亞說要check！
在日本租房，常會看到一些房型的簡寫，這點跟臺灣很不一樣，以下簡單說明：
3LDK／3房1廳1廚、1LDK／1房1廳1廚、1DK／1房兼廳1廚、2DK／2房含廳1廚／1R／1房兼廳兼廚。

● 東京求學番外篇

　　雖然蘇菲亞是直接到朋友報名的代辦中心報名，但其實還有其他方式可以自己準備去東京念書喔。以下蘇菲亞就一併介紹：

1.代辦中心

　　優點：支付些許費用，便可省去自己辦手續的時間與麻煩
　　缺點：只提供資訊，未必能深入了解學校或宿舍的實際情況
　　網址：http://www.acd.com.tw/index.php

　　坊間代辦中心非常多，挑選時該注意什麼呢？除了注意代辦中心是否擁有營利事業登記證及代理學校的授權證書以外，代辦中心服務人員的態度與專業性也十分重要。

　　因此前往代辦中心諮詢前，最好先把自己對於到日本遊學的疑問先整理成清單，以免親自走一趟卻沒有太多實際獲得。另外提醒各位，向代辦諮詢不代表就一定要付費請他們處理遊學手續，現在有很多代辦中心可以免費索取學校資料，甚至在網頁上就可以直接下載得到，有些代辦中心還會出版留遊學雜誌，或定期舉辦留日說明會等等，所以如果你稍具日文基礎又有耐心，蘇菲亞建議不妨多加利用免費資源，花點時間自行辦理手續。

2.自行辦理

優點：節省代辦手續費，可設計出專屬於自己的完美遊學計畫

缺點：花費時間心力

網址：http://www.g-studyinjapan.jasso.go.jp

　　臺灣每年7月左右會舉辦日本遊學展，這是最快能收集到大量學校資料的方式。但除了日本語學校之外，大學別科所開設的日文學習課程也可列入考慮，同時代辦中心通常也會參展，所有資訊可以一併參考，對於有興趣前往日本遊學的朋友來說可說相當方便且有效率。

> **蘇菲亞說要 check!**
>
> 補充一點，蘇菲亞去念語言學校的時候，日臺打工度假制度尚未開放，當時語言學校裡只有長期生（持學生簽證入學者）可以申請進行校外打工，而現在多了打工度假簽證可申請。因此，怕出國念書會花太多錢而想邊學日文邊打工的朋友，又多了一項新選擇，只要你選擇上語言學校的午前班，就可以利用下午或晚上的時間另外進行打工，以此方式來貼補學費和旅費了。

　　在遊學展取得學校資料後，便可透過學校的網站或其他聯絡方式申請入學手續，有些語言學校或大學網站也有中文版本，因此日文程度不夠好的人也不用太擔心。欲知日本留學展詳情，只要上網搜尋「日本留學展」或「日本教育展」即可查到。

　　但，無論是透過代辦或自行辦理入學手續，有遊學經驗者的口碑通常是最準確也最值得參考的。所以有意到日本學日文的人，不妨多上網逛逛各大與留學相關的留言板、討論區，或以關鍵字搜尋相關部落格文章，也可以向身邊有經驗的朋友請教等等，相信都會對遊學前的各方面準備有所幫助。

　　而且，除了東京以外，全日本從北到南幾乎都有語言學校或大學開設語言課程，在學的學生還可透過大學的「交換學生」制度到日本學習，各校的語言教學也都是以教授「標準語」為主，不會因為位置不同而有特殊地方腔調，所以蘇菲亞非常建議各位可以挑選日本任何一處你所喜歡的地點，邊學日文、邊享受當地生活喔！

東京生活

剛到東京的第一天，拖著有如裝了屍體一般重的行李箱，我從市區搭電車抵達宿舍的所在地——埼玉縣蕨市。宿舍名叫「蕨女子學生會館」，因此可想而知館內清一色都是女生，而且大部分都是臺灣來的留學生，而舍監日文稱爲「寮母」，剛好也是個女性。

宿舍沒有電梯！這是我面臨的第一個問題，我的行李太重，而房間位在三樓，於是只得用破爛的日文協商換到二樓房間，挫折感很重。等簽了約、付了租金，經過一番折騰才終於安頓好之後，卻又發現行李箱在運送過程中有一邊的鎖被撞壞了，只好從打得開的那一邊，用手伸進行李箱，把換洗衣物一件件撈出來。雖然這樣的小事並不嚴重，但身在異地，而且才第一天就遇到這樣有點小慘的狀況，心情頓時變差，因此當在拉麵店吃晚餐聽到店裡播著中島美嘉的歌時，差點沒落淚。

隔天，語言學校開學的第一天，辦完了報到手續之後便是能力測驗，除了筆試還有口試，最後由評分老師根據筆試和口試的成績來分配班級。因爲文法運用得還不是很熟練，所以我被分配到初級班的第二個等級，意思是跳過五十音，從基本的文法和單字學起。

因爲在臺灣早就學習過一段時間的日文，所以面對這樣測驗結果感到有點小挫折。但我立刻化沮喪爲力量，因此在結束測驗之後，馬上就到新宿的電器行買了一台翻譯機，期許自己在未來的三個月能夠有長足的進步。

班上同學

班上同學

　　我上的課程是午後班，班上有韓國人、印尼人、美國人、義大利人和加拿大人，只有中國來的宋同學和我是說中文的。原本就聽說在這間學校可以交到一些韓國朋友，後來跟同班的韓國同學、也是我此行交到最好的朋友UNee聊天才知道，原來長沼學校在韓國非常有名，如果不提早一年報名是進不來的。因此除了我的班上之外，每個班級也幾乎都有三個以上的韓國人。

　　課程的安排是每天要上四堂課，前兩堂課主要是複習前一天教過的課程，第三堂教新的課文和文法，而最後一堂課則是漢字教學和測驗。基本上，前三堂課大家程度其實都差不多，不過每到學漢字的時間，華人的優勢就顯現了。

　　對歐美人來說，學習漢字特別吃力，不只學寫漢字難，認字也很難。因此，漢字課說是華人納涼或發呆的時間都不為過，不過老師也明白這種情形，所以有時候會特別點名華人同學注意聽講，因為日本的漢字和中文在寫法上還是多少會有些細微的差異。曾經有個美國女生在漢字教學的時候問我，每一課的漢字花多久時間可以記住，我說：「五分鐘吧！」，她半開玩笑羨慕地回答：「我想我就算花五年也記不得

在日本學語言，放假時
記得要用力玩！

吧……」，這讓我深刻體會到，既然我已經有先天上的優勢，就更要努力學習才是。

接下來的日子，除了認真上課，週末時我也會跟同學相約出去玩，吃了不少美食，還有趁空進行我的「NANA景點之旅」，當然也一定去看了中島美嘉的演唱會。而4月底5月初正巧是日本最重要的連續假期——黃金週，趁著那幾天的假期，我也去了川越、橫濱，還有汐留的日本電視台，在黃金週間活動現場玩了一下午，甚至還跟日本歌迷約在咖啡廳見面聊天，過得非常充實又開心。

在語言學校的生活進入第三個月時，跟同學有愈來愈多交集，也開始漸漸了解大家的習性。像是班上有個很特別的同學叫做Dan，雖然他是美國人卻非常熱愛日本的動漫與搖滾樂。曾經我們幾個同學們約著一起去唱卡拉OK時，發現不管是動畫主題曲還是搖滾樂團的歌，速度再快他都跟得上字幕，真的超厲害。

至於學校方面，課程每上到一個段落就會有週考，最後也會有期末考測驗，但在班上考第一名的通常不是我，就是UNee，這點也讓導師有點驚訝。也許一般人對於演藝人員出國充電的印象都覺得是表面做樣子居多，所以有一次導師好奇地問我：「為什麼妳這麼認真呢？」，我說：「因為我只有三個月啊！」

只有這麼短的時間能專心學日文，也只有這麼多錢可以負擔在東京三個月的生活費，更不像其他同學念完語言學校可以繼續到專門學校或大學進修，甚至有的還有家裡的金援，而我只能靠自己努力，才不會把三個月的時間和金錢給浪費了。

所以除了「一生懸命」去學習，我沒有第二個想法。這也是送給有心學日文或其他進修朋友的一句話，希望你們可以認真地、拚命地去努力。

大家說日語

前面提到過，每個國家的人在學習日文時會有不同的優劣勢。雖然華人在學習漢字時比其他國家的人輕鬆很多，但是要搞定日文文法就要多花一點功夫了。因為中文和英文文法比較接近，一個句子的組成通常都是「主詞＋動詞＋受詞」這樣的排列，很容易理解。

但日文不同，是「主詞＋受詞＋動詞」的排列方式，例如中文說「我吃飯」，日文就會變成「我飯吃」，顛倒的文法常把初學者弄得一頭霧水。因此，說日文時如果是用中文的文法邏輯去思考，就會讓日本人覺得怪怪的，或者得到「蛤？」的反應。

至於韓國人，因為平常除了名字以外很少用到漢字，所以在學寫字方面會稍微有點難度，但是因為韓文文法和日文幾乎一模一樣，所以他們不用花太多時間，很快就能把日文文法運用自如。不過聽韓國人講日文久了會發現，他們不太能發「F」的音，所以會把「ファン（fan）」唸成「パン（pan）」，「ソフィア（Sophia）」念成「ソピア（sopia）」，也算是他們發音上的特色！而且有些韓國女生念韓文時還保留著韓文的柔軟語調，講起日文也就特別的嗲。

義大利和日本則因為都有使用羅馬拼音，所以這兩個國家的人，互相學起對方的語言都比較容易。日文因為沒有捲舌音，所以學中文或英文比較容易遇到瓶頸，而學義大利文對他們來說就容易多了，所以有很多日本人學不好英文卻反而能講一口流利的義大利文呢。

但是，不管是哪一國人，要講好日文，最重要的還是「耳朵」，也就是聽力。

聽力好的人，很快就能抓到日本人說話的正確語調；聽力不好的人可能學得再久，講出來還是滿口「瓦搭膝哇胎得思（私は台湾人です）」的台式發音。

那麼，該如何訓練聽力呢？這裡也可以跟大家分享我自己的小訣竅，舉個例子來說，我覺得就像在腦袋裡面裝了一台錄音機，上課聽講或聽到任何人講日文時，腦中的錄音機會自動把一個句子的發音語調錄下來，接著在腦海中反覆播放。如此，記憶就不知不覺加深了，然後遇到適合說這句話的場合，自然就能像播放錄音帶一樣，以正確的發音語調從自己的口中說出日文了。

語言學校之後

短短三個月的語言學校生活，除了語文進步之外，其中獲得也比我想像的還多。不但認識了許多和我同樣對日文有興趣的好朋友，也認識了一些住在日本當地的華人或是對中文有興趣的日本人，甚至有幾位還跟我的工作很有關係。

例如，透過朋友介紹認識了一位專門介紹華流音樂（C-POP）的廣播節目主持人

在東京，搭早上第一班電車常會見到喝到凌晨的醉漢橫躺在車廂內

MASAKO，在我念語言學校的期間她常帶我去聽演唱會，也會聊一些臺灣樂壇的現況，後來更邀請了我與哥哥一起上她的節目作訪問。而在因緣際會下，也接受了一本在日本當地發行的語言學習雜誌的專訪。最後，甚至接受專門代理臺灣偶像劇的「COMIC RITZ」公司的邀請，促成了2009年9月JS於日本名古屋的第一場演出，留下一個非常珍貴且難忘的經驗。

帶著滿滿的收穫回到台北，雖然心裡很滿足，卻很怕缺少了「說」的環境，自己的日文會從此不再進步。所以我又回到補習班去上日文會話，雖然他們的教材內容編排和語言學校所使用的幾乎一模一樣，而且我還特別挑選日籍老師授課的班級去上，但是教室的氣氛還是跟語言學校差很多。

例如白天班的學生多半是年紀比我小很多的國高中生，某些人也許不是出於興趣，而是被父母送來上課的，缺乏目標的學習，專注力自然也比較差，加上日籍老師會說中文，所以課堂上也很難做到「全日文教學」，效果不彰。因此在上了一兩期後，我就決定退出補習班，改用自己的方式繼續學習。

當然自學還是要有目標，否則很容易就怠惰，而我為自己設的目標就是報考「JLPT日本語能力試驗」。以此為目標，我也開始了另一階段自學的過程。

☺ 有閒沒有錢？歡迎加入日檢0元衝刺班

整座城市就是我的圖書館

在補習班上會話課的那陣子，我特別留意了他們針對日本語能力試驗所設計的課程，大多是按照程度分班，且每種班別依需求上課期間也有短有長，大約從三個月到六個月不等，但是都要1~2萬元以上，費用實在不低。若是參加考試的報名手續費，再加上補習費用更是不得了，所以我決定乾脆以時間來代替不必要的花費，靠自學的方式拚拚看，並且跳過三級直接報考二級。

前期時，我還是按照以往習慣輕鬆地學習，聽我愛聽的J-POP、看我愛看的日劇、電影，偶爾閱讀日本雜誌文章、玩Wii的時候順便看看日本新聞頭條，和朋友用日文MSN練習文法運用，採不強迫的學習方式。

但到了考試前的三個月，我便開始採取其他策略，第一步便是到圖書館去借日本語能力測驗的單字集、文法書和考古題回來。每個沒工作的日子，我會隨時隨地隨心情，有時到圖書館、有時找間咖啡店，或者懶得出門的話就待在家裡念書。共通點就是，時時刻刻都在溫習日文，讓生活充斥著日文。

到圖書館借書最大的好處是不用花錢，但更重要的是選擇多。即使同類型的參考書也不限於一本，你可以每一本都翻翻看，直到挑到自己喜歡的才借回家，而讀了以後不滿意或覺得不適合自己，只要再到圖書館換一本就行了，非常符合效益。許多圖書館（例如：臺北市立圖書館）還會有網站可以搜尋館藏、預約借書等等，實在很方便。

不過在這裡要特別提醒，考試前夕比較多人需要用書，可能會有借不到的情形，所以一定要盡早準備。

至於挑書的原則又是什麼呢？最重要的是「順眼」。不需要太刻意拘泥大家推薦的某一本書，而是先看排版、字體大小等等，以自己閱讀起來沒有困難或抗拒感為最優先。因為即使拿到一本大家推薦的書，但你卻感覺閱讀不舒適，相信效果也不會好。

而為了有效率的學習，通常我拿到一本書，比如單字集，我會先看總頁數或是整本書的單字數量，接著再按照三個月（九十天）的時間平均分配每天要背多少單字。要是中途一旦發現自己忘了哪個單字就要再重背一次。

記文法的訣竅則是一從考試前兩個月開始看。前一個月看完一遍文法書後，後一個月再複習一遍，這樣才能把文法記得牢。聽力的參考書通常會附光碟，因此可以利用背單字和念文法的空檔聽，也可以做個調適。慢慢熟悉日文發音，考試的時候才不會聽得霧煞煞。

等到報名完、收到准考證之後，才會知道分配到的考場在哪裡，如果是不熟悉的地點，就要先把交通路線查清楚，甚至還要找一天先走一趟，順道計算交通時間。但是考場通常不會提前開放，所以要知道自己的座位在哪，只能在考試當天提早到。

許多人可能不知道，其實座位的位置最有可能影響到聽解的成績，因為大部分的考場是用收音機播放考題CD，因此坐愈前面當然聽得愈清楚，只有少數考場才會在教室內有音響設備，每個座位都可以聽得一樣清楚。雖然這點不是自己可以決定，但要是能先做好心理準備也會有所幫助才是。

考試時，基本的除了要準備准考證、國民身分證、No.2或HB鉛筆和橡皮擦以外，我也建議最好戴著手表。因為不確定每個考場是否都有時鐘，要掌握時間才能掌握好答題的節奏。像我平常並沒有戴表的習慣，因此考二級的時候也忘了帶，還好當天不但座位很前面，而且考場剛好就有時鐘，讓我在心裡大呼「好險」。

考試或許還是有點運氣成分，考試座位在哪裡、考場設備如何、天候如何……可能都有影響，甚至連考生自己的心情都有可能影響考試結果，但不變的是唯有做好萬全的準備，才不會讓事前的努力都白費。

我自己規畫的日檢0元衝刺班讓我順利通過了JLPT二級，接著也很幸運的遇到改制前最後一次JLPT一級考試。這兩次考試讓我省下了共計約5萬元的補習費加參考書費，拿到證書的那一刻著實感動莫名。更沒想到因為取得證書還讓我因此有了應徵「夢幻打工」的資格，真的深深覺得付出的努力都是很值得的。

相關網站：
財團法人語言訓練測驗中心之JLPT網頁：http：//www.lttc.ntu.edu.tw/JLPT.htm
日本語能力試驗日本官網（繁中）：http：//www.jlpt.jp
臺北市立圖書館：http：//www.tpml.edu.tw/MP_104021.html

蘇菲亞說要 check!

這裡蘇菲亞還有一點需要特別提醒大家，相信除了看參考書做準備外，一定也會有人拿考古題來練習，不過，據了解，2010年7月起開始實施的新制日本語能力試驗將不再出版考古題，只在日本官網上提供「新日本語能力試驗問題例集」給考生熟悉題型和練習。

雖然新制JLPT只是從原本的四級改為N1~N5級，分級水準及難易度也大致相同，但由於出題的形式會有所改變，例如會有句子的重組、文章填空題等，以前不曾出現的題型，因此還是請大家多多注意喔。

各種學日文方式的優缺點

前面分享了許多我自己學日文的方法，但其實還有一些其他方式可以選擇，以下我就一起簡單介紹一下：

1.日文補習班／大學推廣部

優點：完全無日文程度者可從五十音開始學習。有進度規畫，學習中有任何問題可以問老師，也可與同學互動學習。

缺點：費用較高，教材內容較為死板、過時。

2.訂雜誌／電子報

優點：自主性高，配合圖片及時事、明星藝人動態等生動的內容，較能引發學習興趣，附光碟或影音檔加強發音學習的正確性。

缺點：內容編排多限於初中級程度，無法適應較高程度日文學習者的需要。

3.線上學日文

優點：完全自主，任何程度的日文學習者皆可利用。

缺點：會話部分無法實際練習。無人引導，初學者可能需要花更多時間摸索學習。

4.自學

優點：完全自主，可以按照自己的興趣選擇學習日文的領域，自己營造環境。

缺點：無進度規畫。無法全面性學習。發音、文法等基礎如有錯誤無人糾正。

5.到日本念語言學校

優點：除了學校規畫的課程能幫助打好學習基礎外，整個生活環境都要用到日文，所以進步速度最快，效果最好。

缺點：需要大筆花費。

6.語言交換

優點：透過會話直接和日本人學習，可學到道地的日文。

缺點：對方不一定受過專業師資訓練，發音或用詞不見得完全正確得體。女生與異性做語言交換時，地點最好選在公共場所，以免有安全之虞。

　　無論是透過哪種方式學習，要學好日文最重要的就是要「有心」，只要有心，絕對不怕學不好。所以一旦下定決心要學好日文，就別再一直鑽牛角尖去想到底哪個方法最好，而遲遲不開始學習，其實適合你的方法就是好方法，別想太多，做就對了！

克服吧！學日文小建議

從剛開始接觸日文到現在已經有超過十年以上的時間了，試過各種方法，適合的、不適合的都有，最後才終於發展出專屬自己的一套模式，這一切都是經過許多歷程所累積出來的心得，也希望可以給大家一些幫助。

首先，學習日文不應該只限於一種方法，如果利用某種方法學日文時遇到了阻礙，就應該立即改用另一種方式學習。像我大學時雖然選修了日文，也有到外面的補習班上課，但是除了課文上的句子和單字以外，還是無法說出能夠表達自己意思的日文，程度也一直停滯不前。

一直到我去日本念了語言學校，能夠和日本人用簡單的句子對談了，再回家翻以前大學時的課本才發現，那些文法我早都學過了，只是平常沒有實際運用的機會，才會無法內化成身體的一部分。

而當背熟了許多單字、文法基礎也打好後，接下來遇到的問題就是如何更上一層。這時我會建議，要在「腦袋裡要多加一根神經」。

意思是平常就要多注意和日文有關的事物，比方說刷牙洗臉的時候、喝飲料或吃零食的時候，可以注意產品包裝上面出現的說明文字，其中常常會有日文的單字或短文，總之多聽多看就能自己營造出一個在日常生活中能夠使用日文的環境。

再則，每說一句話的時候，同時也想想這句話的日文該怎麼說。例如，喜歡的藝人名字或偶像劇、電影的劇名……不要光是記中文翻譯名稱，也要順便記下日文的讀音。而看過了改編自小說或漫畫的戲劇，如果有興趣進一步了解，可以再看看日文原

時時刻刻注意出現日文的小地方，
字彙能力無形中 UP！

著。任何事物都可以成為學習的媒介，但都要自己去創造才行。

　　當然，光是自己在腦中練習還不夠，也要增加實際運用日文的機會，因此平時就該多交一些同樣對日文有興趣的朋友，也可以製造機會多認識日本人。如果無法到日本的話，就可以透過網路去認識日本朋友，像是一些日臺友好交流網站的討論區，或是社群網站（例如：mixi）等等，都有機會認識各式各樣的日本朋友，從面對面交談或網路聊天的過程中就可以學習到很多日常口語。

　　如此一來，日文字庫和能力就會在不知不覺中漸漸提昇，等到你會意過來時，會發現自己已經開始能用日文思考了，甚至有些時候還會覺得日文比中文更能表達自己的意思呢。

　　最後建議大家，在學習日文時別忘記要給自己訂定目標，一個目標達成了，再繼續進行下一個，有目標更能幫助自己有效率地學習。一開始可能只是「背熟五十音」這樣的小目標，慢慢一關一關突破，後來可能就變成「讀懂日文小說」或「成為日文譯者」這樣的大目標了。

　　一路走來，日後當你回顧那些已完成的目標時，那成就感是很難用言語形容的，也相信大家都可以感受到。

mixi社群網站：http：//mixi.jp

蘇菲亞說要 check！

因為蘇菲亞有過許多學習日文的方式，因此深深感受到，每種學習方法能夠帶給自己的成長面向都是不同的。因此當你專注於某一方式卻苦無進展時，應該就是換一種方法學習的時候了，不要拘泥一種方式才能夠進步。

飛向札幌的班機

──薰衣草、啤酒、美食與祭典，
北海道打工度假真的超夢幻

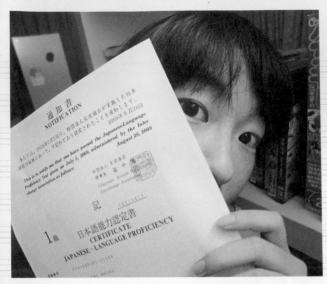

取得一級證書是通過夢幻打工徵選
的第一把鑰匙

♥ 一趟命中注定的夏日夢幻打工之旅~

2/262，一個改變人生的數字

我相信命運，我相信這是命中注定。

2010年3月底，朋友傳了一個網頁給我看，上面寫著「誠徵北海道夏日夢幻打工」，並推薦給我可以去試試看。

原來這份工作徵的是富良野、美瑛車站的短期口譯員，名額只有兩名。仔細一看應徵資格，其中最重要的一項就是「必須具備日語能力檢定二級或一級合格」，而我才剛在前一年拿到一級證書。

除了日語能力證明以外，應徵這份車站口譯工作還須擁有數位相機、個人筆記型電腦以及持有個人部落格等，我心想既然應徵條件都是原本就常接觸的事物，再加上對日本的喜愛，不報名似乎有點可惜。

但我卻沒有立即就報名。

為什麼呢？因為知道打工訊息前不久，我才剛報名了某校推廣教育部的日語師資班課程，當作替未來有可能轉行的那一天鋪路。畢竟創作歌手這份工作很不穩定，所以每當工作出現一段很長的空檔，焦慮的我就會開始上求職網站看職缺，看看除了唱歌、寫歌詞以外，還有什麼是自己能做的工作。

不過，這個習慣卻也對我帶來了幫助，就是從中發現自己缺乏的，然後努力想辦法去補足。例如，考取日檢一級就是受到求職網站上的工作資格要求刺激而拿到的。

然而「夢幻打工」徵才訊息上列出的工作期間，剛好就跟我報名的師資班課程有重疊。取得師資班證書的必要條件是要在課程期間無任何缺席才行，也就是說如果我兩邊都報名，而夢幻打工也被選上了的話，就有可能面臨花了錢上師資班最後卻拿不到證書的窘境。

　　其實，到北海道去打工算是個意料外的idea，但我為何會如此動搖呢？這其中還有另一個原因，這要從2009年第一次去北海道自助旅行中途發生的小插曲說起：那天我排定的行程是去北龍町看向日葵，因為覺得跟風景很搭，所以我戴了一頂在法國買的草帽。但是，回到札幌下車時，脫線的我卻不小心把珍貴的草帽忘在電車上了。

　　一直到隔天的行程結束後，我才再回札幌車站詢問。沒想到當我給站務員看過數位相機裡面草帽的照片後，他一臉鎮定地轉身走進辦公室，過沒多久，就拿著我的草帽出來了。

　　將草帽接過手中的那一瞬間，頓時覺得穿著JR北海道制服的站務員好耀眼啊！對我來說，彷彿是救世主一般的存在，內心充滿了感激。再加上北海道夏天的風景實在太美好，於是那次旅程結束時，我就有一種「總有一天一定會再回來」的奇妙直覺。

　　時間就在這麼猶豫的情況下度過，結果就在夢幻打工即將截止報名前最後一週的某個一早晨，我接到了某校推廣部打來的電話。服務人員在電話中告知我師資班報名人數不足、班開不成，請我有空去辦理退費。

　　還記得那天我在噗浪寫了：「有時候當你太過煩惱，上帝會替你做決定」，雖然有點誇張，但我真的覺得老天幫了自己一個忙，我終於可以非常篤定地繼續填寫履歷表了！

　　之後，這短短五十天的工作經歷，也成為了我一輩子難忘的美好回憶。

2009夏天的一趟北海道之旅為夢幻打工埋下伏筆

應徵北海道夏日夢幻打工的契機

確定要報名以後，接下來就是要填寫報名履歷了，其中一欄「應徵動機」尤其困難。用中文表達應徵動機不難，難的是同時還要能用日文寫得出來，為此我特地上網搜尋了一些日文履歷的範例。

在最後完成的應徵動機中，我主要表明了身為創作歌手，需要來自生活與旅行的各式各樣刺激，才能激發創作靈感，以及我把這份工作視為一個體驗不同人生的珍貴經驗，重點的字詞還用粗體字來凸顯。

完成履歷之後，我也開始在網路上搜尋了一下「北海道打工」的相關資料。

其中剛好也發現去年「超冷打工」兩位應徵者的部落格，爬了一下文，發現兩人都為「自我PR」這個項目精心拍攝了短片做自我推薦，當下只能用「驚」來形容我的心情。因為原本以為可有可無的附件，似乎成為了使履歷加分的要件，這下不認真做一支不行了。

也剛好我就是世新廣電系電視組畢業生，而且還自己導演過MV，因此自我PR的影片還難不倒我。不過，雖然技術不難，但難的卻是表現方式。

因為距離報名截止日已近，時間已經不夠，所以我決定以「少即是多」的作法，介紹自己是如何符合應徵條件，並且熱愛北海道。就連剪輯手法和特效都刻意簡單化，畢竟是短片，也許太花俏反而會誤事。

最後，我的這支PR影片是以拍「手寫字」而不拍「人」為主。一是覺得自己的臉

應徵短片截圖

從書面審查到面試是
一段煎熬的過程

面試情形

不需要出現太多次，而且使用手寫字會更添生動，二是想用手寫日文的方式傳達出寫日文對我來說非常自然，再搭配上中英文字幕，也就間接說明了我的語文能力是符合應徵標準的。

　　而內容只用文法簡單的日文文案和氣氛輕鬆的音樂，則是因為雖然是在時間很趕的情況下做成影片，而且我非常希望能夠得到面試機會，但是還是不想在無形中把這麼大的壓力，連同履歷書一併傳達到主考官那端。所以我希望整份履歷表看起來都是輕鬆、自然、符合北海道氣息的，而我，是適合存在在那樣的環境裡的，我想也算是一種心理戰術吧（心中的OS：選我！選我！選我！）。

　　為這份履歷表認真努力了三天三夜，終於趕在報名截止日當天中午寄出了電子郵件，並附上自我PR短片的檔案與連結。

　　預定公布面試入選的前一天早上，當我正在早餐店悠閒地吃鐵板麵看報紙時，手機突然響了——

　　「妳好，我這邊是『北海道夏日夢幻打工』主辦單位，想請妳下星期一來面試……」我通過第一關的徵選了。

　　而隔天看到了主辦單位發的新聞稿後，才知道這份工作總共吸引了二百六十二人投履歷競爭，但卻只選出十人參加面試，我立刻警覺到此機會得來不易。

　　很快地，我趕緊收拾起通過第一關書面審查的興奮心情，繼續為準備下一關面試努力。

我更仔細看了報名須知，上頭特別提到需要用中英日三種語言面試，而我爲應徵工作面試的經驗少得可憐，印象中離當時最近的一次是失心瘋跑去應徵補習班日文老師，因此爲了尋找參考資料做功課，我又拿出自學日文的方式到圖書館去借了參考書，並邊看邊思考面試官可能會問的問題和我的回答。在面試前的週末，也順便到面試地點附近去走了一趟，完全是抱著看考場一樣的心情。

　　在準備的過程中，我突然想到，既然是面試，那麼除了面談的內容以外，「服裝」應該也是決勝的關鍵之一。雖然面試通知信件裡，只簡單寫著：「面試服裝無硬性規定，請自行斟酌」，但我想起之前當選「超冷打工」的MOMO在面試時穿了全套雪衣，那麼，「夏日夢幻打工」又該穿什麼好呢？

　　無印良品風──是我想到最適合的風格。

　　於是面試當天我便穿上MUJI的深褐色吊帶褲配上白襯衫、白色帆布鞋，原本還想戴上那頂在北海道失而復得的草帽，但怕太誇張嚇到路人，於是忍痛放棄。

　　捨棄制式服裝，身著一派輕鬆自然的打扮，目的是希望讓面試官一看就能想像得到我在富良野或美瑛工作的模樣。到現場一看，果然其他的面試應徵者，大部分都是穿著類似套裝的打扮。

　　面試分爲兩個階段，前半段幾乎全程都說日文，由一位JR Service Net的日本代表和一位協辦單位的臺灣代表輪流提問，並且有工作人員在旁側錄影片。日本代表有針對我在東京念過語言學校這部分發問，臺灣代表則問我覺得自己競爭這份工作的優勢在哪裡，還有工作期間需要與人共同生活這一點有沒有問題等等。

　　其實問題並不難，但難的是克服緊張這一點，因爲我發現自己不僅臉部表情僵硬，就連用日文應答的內容，也完全跟正式面試前在心裡打好的草稿完全不一樣。

　　待面談的部分結束，進入後半段時，工作人員請我起身站到會議室的一角，接著有其他的工作人員進場，他們向我說明這個階段是要模擬車站工作實際狀況。

　　我完全沒想到還有這種考驗。

　　這時，扮演旅客的工作人員會以中文和英文分別向我發問，遇到我不懂的問題時，可以用日文向一旁的日本主考官詢問，然後再以中文或英文翻譯後回答旅客問題。這時我終於明白了所謂中英日三種語言面試的真意了。

　　雖然面試時表面上強裝鎮定，但結束後我一直擔心著自己表現似乎不夠好，頭還因此痛了兩天，也才發現到自己內心深處有多麼重視這件事。

　　4月28日，命運揭曉的時刻終於來了！

　　因爲整天都沒有接到電話，我直覺自己應該是落選了，感覺有點失落，但在懷抱著這樣的心情下，到了傍晚，差不多接近下班時間時，手機響了──

　　「陳綺萱小姐恭喜妳得到北海道打工的工作了！」電話那頭這樣說。

　　哇──當下心情真是不敢置信的開心！！！

夏天在夢幻的北海道打工不只是我
的夢想，也是許多人的夢想

有那麼多的人在爭取這份工作，沒想到自己真的獲得了！覺得自己真的很幸運，同時也更清楚地感受到「夢幻打工」不只是我一個人的夢想，也是許多人的夢想。

「我一定要好好珍惜這段時間，並且盡自己最大的努力把工作做好。」這是得到機會之後，我腦子裡唯一的想法。

後來，徵選通過後，其中一位面試官，也是這整個「北海道夏日夢幻打工」企畫的負責人雅雯特地告訴我，她覺得我的影片跟別人很不一樣、有詩意，她很喜歡。看來我的影片的確達到效果了。

我的北海道夏日夢幻打工應徵短片「I ♥ Hokkaido」就收錄在隨書附贈的光碟中喔。

你好，我是美瑛車站的中文口譯員Sophia

確定徵選上後，我立即就收到主辦單位的通知信件，信中提及我被分配到的工作地點是「美瑛車站」。接著就是一連串的資料準備工作。

同時，為了工作前的種種準備事項與說明，日方（JR Service Net）也開始與我有信件往來，這一來一往讓我更加了解到為何這份工作須要JLPT二級以上的日文能力，因為，那些由日方傳來的文件內容與信件全都是用日文。

除了準備文件資料，協辦的行銷公司還另外安排了行前說明會，向當選者們簡單介紹關於在富良野、美瑛的工作和生活起居概況，且由於屆時兩站的口譯員必須在同

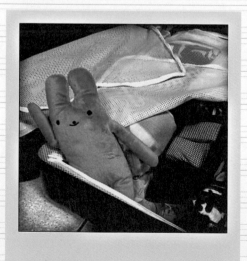

2010年5月，北海道自助旅
行聊天會

一個屋簷下共同生活兩個月，所以也藉著這個機會讓我們認識一下彼此。

最後，到了出發前往北海道的前一個月，JR北海道在臺北舉辦了兩場「北海道自助旅行聊天會」，對象是針對即將要前往北海道旅行的旅客們，而在這兩場聊天會上我和富良野車站的口譯員首次被公開介紹，會前我們還和JR北海道的職員碰面喝了下午茶，算是第一次見到同事。

聊天會結束後，突然有位旅客跑來問我：「妳知道『美瑛選果』嗎？聽說那裡的蔬果很新鮮……」雖然我是被分配到美瑛車站，但是之前去北海道自助旅行的時候，其實還沒去過美瑛，因此對當地的了解也幾乎是零。所以聽到這個問題當場傻眼的我，只好誠實地告訴她：「抱歉，我不知道，我也沒有去過那裡，但是會幫妳上網查一查。」沒想到對方竟露出了略帶失望的表情說：「我還以為妳們都已經做過功課了呢。」

坦白說，被問倒的當下的確有些許挫折感，同時開始擔心，之後真的到了車站工作，會不會也常像這樣遇到回答不了旅客問題的狀況。

面對這個突如其來的「行前教育」，我也開始調適自己的心情，同時給自己信心，因為我相信努力和決心能戰勝一切，我不怕學不會，因為我有想學的心。

不過，真正經歷後，也發現這份工作並沒有想像中困難，同事與遇到的旅客都非常親切，過得既開心又滿足。而在那裡工作了兩個月之後，關於「夏天」這個季節的美瑛，大概已經沒有什麼問題可以難得倒我了。

蘇菲亞說要 check！

美瑛選果是一處專門銷售美瑛農產品的地方，內部有餐廳、蔬果採買區與甜點區等等，是美瑛知名的必遊地之一。

準備工作繼續。

第一件事，我到了髮廊去燙了頭髮。

因為雖然化粧對我已不成問題，但頭上的三千煩惱絲我一直都拿他們沒辦法，因為工作的關係，為了做造型方便又必須蓄長髮，這次一下要出國兩個多月，沒有髮型師在身邊，每天要怎麼整理頭髮絕對會是個大問題，而且我又有點輕微的自然捲。為了一勞永逸，乾脆就把頭髮給燙捲了。

燙好了頭髮，外在的準備就算是做好了一半，那麼心情的準備呢？

我決定用「吃」來送自己出國。

出國前兩週，大大小小的歡送邀約不斷，因此幾乎天天都在吃美食。

同時，因為這次為「夢幻打工」離開臺灣的天數，只僅次於2007年去東京念語言學校的九十天，當時一結束課程回到臺北就衝去吃魯肉飯這件事還記憶猶新，所以為了彌補遠赴北海道打工將會錯過端午節的遺憾，因此預先吃了粽子。

飛往北海道的前一天，我則決定獨自度過，不僅是做最後的確認，更重要是整理自己的情緒。因此我整天專心在家收行李，午餐吃的是魯肉飯配魚丸湯，晚餐則是我到異鄉肯定會懷念的旗魚飯，吃飽了，心情也再滿足不過。等全部都整理完畢後，睡覺的時間也所剩無幾，只能瞇了一下就得起床趕往機場了。

2010年6月14日，早上9點45分，搭上飛向札幌的班機，蘇菲亞的「北海道夏日夢幻打工」之旅，就此展開。

我愛去的髮
廊Deluxe有
貓咪坐檯

富良野車站月台，每天早上
從這裡搭車去美瑛上班

☺ 今日也晴朗無異
我在美瑛車站。夏目夢幻打工五十天

夢幻打工不是夢，美瑛車站給我歸屬感

從富良野的宿舍出發，搭上8點18分的普通列車，選了個靠窗的座位坐下。因為是第一天上班，心情既緊張又興奮，眼睛緊盯著窗外掠過的風景，想確認自己不是在做夢，而是真的要開始在這裡打工了。雖然已是6月中旬，但遠方的山頭還留著白白的殘雪，早晨的氣溫也偏涼，原來這就是北國的初夏。

待列車進站，我下了車，越過天橋一步一步接近未來五十天的工作地點，剪票口的石牆上掛著斗大的「JR 美瑛駅」（JR 美瑛站）字樣，我向剪票口站員出示了工作用的乘車證，然後走進車站辦公室，說了第一聲「早安」。

白色的內牆，白色的木窗，一張張的辦公桌，這樣的內部陳設讓我想起自己家鄉小鎮上的火車站，也有點類似記憶中國小教師辦公室那種令人熟悉的感覺。

車站辦公室牆上掛著許多安全宣導海報，其中特別引人注目的是一幅裱了框的白紙黑字用書法寫著「駅是熱意」，代表了車站的指導方針是──對工作要有熱情。

我開始好奇車站裡的人是否真的都像指導方針所說的抱持著熱情在工作，然後想起了出國前為了作功課而看的電影，在北海道拍攝的《鐵道員》，由高倉健所飾演的主角幾乎將他的一生都奉獻給了車站。

我也試著去想像在這裡工作的自己會是什麼模樣，然而腦海裡卻浮現不出個明顯的形狀。

一轉頭，在站長辦公桌後方的牆壁上，我看到了吸著許多人名磁鐵的黑板，以日文漢字寫著「通訳 陳綺萱（口譯 陳綺萱）」的牌子列在名單的最後，這時候才忽然有種真實感。

「我真的在上班了！」從這一刻起，夢幻打工正式揭開序幕。

車站裡的陳設每
樣都讓人好奇

辦公室一景

上班途中的車窗風景

站長您好，接下來請多多關照

第一天上班，當然要先向站長報到。

不過，在正式上班的前一天晚上我恰巧先見過了富良野站的站長 —— 古川先生，雖然他臉上帶著禮貌的微笑，但卻感覺得出是個嚴厲的人。

會這麼說是因為，抵達富良野的那天古川站長好意招待我和另一位口譯員去吃晚餐，我卻因一路上暈機加暈車不斷嘔吐而食不下嚥，一份炸蝦定食吃不到三分之一，臨走時古川站長叫餐廳把我的份打包要我帶回宿舍，當我說生菜沙拉不用包時，站長說了一句：「不喜歡吃蔬菜嗎？」不得不說那個眼神讓人有些不寒而慄。

也因此我忍不住去猜想，美瑛車站的站長又會是什麼樣的角色呢？畢竟未來的五十天都要在他手下工作。而據我出發前所得知的唯一訊息是，站長很愛喝酒（笑）。

當一見到美瑛車站的站長，看到他那像是鄰居的爸爸般親切的笑容時，我所有的擔心就立刻消退了一大半，他就是高橋先生。

跟高橋站長一見面，他就帶我到休息室坐下，還請人倒了杯麥茶，好像我是客人一樣。

在休息室和站長交換了名片，我送上準備好的臺灣名產鳳梨酥和自己的創作專輯，當作給他的見面禮。

站長開心地收下土產後，便帶著我熟悉車站環境，並一一向我介紹車站其他工作人員，同時叮嚀我遇到任何問題都可以找他們幫忙。

美瑛車站的站員包括站長共有八人，附屬於車站的租車中心則有四人輪班，另外有兩位可愛的清掃阿姨。

美瑛車站的高橋站長

車站當班人員座位

辦公室、車站大廳、月台
都是我的活動範圍

在美瑛車站工作期間，也巧遇
莎莎，讓下我的翻譯工作更加
派上用場了

　　雖然人數不多，但是我還是怕如果不快點記住大家的名字，需要人幫忙時叫不出口就尷尬了。所以站長一邊介紹，我也一邊趁機偷瞄辦公室後方的小黑板對照，然後不出聲地在心裡複誦幾次每個人的姓。

　　最快記住的名字是木村先生，因為當我一準備要開始工作，他就把自己的辦公桌大方地借給我，讓我在短暫工作的兩個月期間有個固定的座位。而當大廳裡空無一人我卻還傻傻站在原地的時候，木村先生也會走到我身邊小聲地對我說：「沒客人就回辦公室坐著休息吧！站久了肚子容易餓。」真是個貼心的長輩。

　　其他的人的名字，也因為愛挖苦人的山岸先生幫大家都取了外號，經過一陣子便很快地都記住了。

　　為了讓我的工作能盡快上手，站員們都非常熱心親切地拿許多富良野、美瑛有關的旅遊資訊和DM給我慢慢研究，也會不時地告訴我以前的口譯員都怎麼做事。

　　不過，開始這份工作的第一步，就是要先將寫著「中文Staff」的吊牌掛上身，這樣需要幫忙的旅客才能一眼就認出我。

　　10點39分，第一班觀光小火車諾羅科號列車進站前，我遇到了第一組臺灣來的旅客。

　　他們是一對夫婦，因為出國前在一場北海道自助旅行說明會上經由主辦單位的介紹認識了我，所以來美瑛旅遊時特別到車站跟我打招呼及合照。之後，我又遇到另外兩位臺灣女生，她們背著背包來自助旅行，準備租自行車去征服美瑛的丘陵。

一開始工作的感覺比想像中輕鬆，可能因為遇到的是熟悉的面孔，所以也比較沒那麼緊張，也可以一邊從和他們聊天的過程中取得工作所需的問卷資料，例如：國籍、人數、行程與住宿的天數、使用的票卷、造訪北海道或美瑛富良野的次數等等。

　　趁空檔回辦公室做問卷紀錄時，站長突然叫住我，他說：「待會有一班Twinkle Bus要開了，妳摘下吊牌喬裝成旅客去搭搭看吧！」

　　這是在美瑛特有的觀光巴士，共有數條路線，分別行駛不同的知名景點路線。

　　「真的可以嗎？」其實早就在出國前就聽前輩說過這是這份工作的福利之一，畢竟需要自己先親身體驗過一次，日後才比較好向旅客們介紹這個觀光巴士到底都是去哪些景點？流程又是如何。

　　於是在站長的帶領下跟觀光巴士的嚮導小姐和司機打過招呼後，我搭上了「丘陵線」的巴士，一路欣賞到Ken&Mary之樹、Mild Seven之樹、親子之樹、Seven Star之樹、還有北西之丘展望公園等等美瑛丘陵上最重要的景點。

　　下午進出車站的旅客比早上更少，原來旺季前夕並不如想像中忙碌。

　　這時候站長接到了富良野車站打來的電話，說是晚上6點有歡迎會，想邀請我一起參加，於是站長特許我今天可以5點下班。

　　歡迎會的會場是一間附卡啦OK包廂的餐廳，聽說富良野車站的人很愛唱歌，而且知道了我的歌手身分，就特地訂了這裡想一起唱歌同樂。

　　餐廳的卡拉OK機器很給我面子，竟然點得到我的歌，而且是上一張專輯的新歌〈愛情背包客〉，雖然他們聽不懂中文，還是很捧場地稱讚我果然是專業。之後意猶未盡，同事也要求我唱首日文歌聽聽。

　　當然除了我以外，其他愛唱歌的站員們也紛紛挑了自己擅長的曲目來唱，就在這場氣氛歡樂的歡迎會結束後，夢幻打工的第一夜畫下了完美的句點。

富良野站長古川先生穿著帥氣制服

富良野的卡拉OK竟然點得到JS的歌！

花季時，Norroko慢車號一進
站，車站大廳總會飄起薰衣草香

我的同事

美瑛車站是個不大的小車站,前面也說過,包括站長在內的站員共只有八人。但不要小看這八個人,他們可是在北海道觀光產業中擔任中重要的角色呢。沒有他們,到北海道旅行可就大大不易了。

☺站長:高橋先生

我常在想,如果結束夢幻打工之後,我繼續留在美瑛工作的話,我和高橋站長應該會成為「酒友」吧!

也許是因為歌手工作常有慶功宴之類會碰觸到酒的場合的關係,我早已經不排斥喝酒這件事,再加上遺傳自父親的好酒量,幾經訓練之後,我也開始喜歡上喝酒,也分辨得出自己對酒的喜好了。

到美瑛車站工作之後,遇見了一樣愛喝酒的站長高橋先生,算是在工作本身外另一件讓我感到開心的事。從歡迎會開始,跟站長過招幾次之後,我發現站長不只

難忘的慶生會,右為高橋先生

愛喝酒,而且對於喝酒的場所、喝酒的方式及酒的種類都有其個人堅持。

比方說,每次活動結束要續攤的時候,站長一定會帶我們到一間名叫「鬼義理」(Onigiri)的酒吧。因為站長是那裡的熟客;該店的媽媽桑也很了解站長的偏好,知道站長最愛喝燒酎加冰塊和檸檬汁,也許這就是站長愛去這家店的主要原因吧。

戴了副銀色眼鏡的站長,平時在車站工作的時候,威嚴而不失親切,車站裡忙不過來的時候還會幫忙做其他站員的工作。有的時候天氣太熱,還會在我工作空檔把我叫進休息室,然後從冰箱裡拿一支冰棒或是一瓶飲料給我,讓我覺得受寵若驚。

而卸下了站長職位的嚴肅外衣,下班後在酒吧喝酒的高橋先生又是另一個樣貌。印象最深刻的是第一次在酒吧聽到站長唱卡拉OK,站長歌聲中,那種一個男人離開了自己的家庭,單身赴任到小鎮上工作的寂寞心情,很有感情、有故事,非常動人。

在美瑛車站工作期間,碰巧遇到我的生日,而且站長自己的生日也在7月,所以還特地選在我生日前某天下班後一起去酒吧慶祝,兩個人一起吹熄蛋糕上的蠟燭,蛋糕聽說還是酒吧媽媽桑特地開車去旭川買回來的。當天一起幫我們慶生的還有山岸先生和木村先生,大概是我所度過有史以來成員最高齡的一場慶生會吧(笑)。

因為夢幻打工的兩個月裡,站長實在對我很好,所以隔了幾個月後我再回北海道玩的時候,還專程從臺灣拎了一瓶金門高粱去車站送給站長,不曉得他覺得臺灣酒的味道如何呢?

☺ 營業主任：木村先生

木村先生總是很照顧我

　　每天早上一進車站，第一件事就是先坐在休息室喝上一杯咖啡，才會開始一整天的工作。這就是身材高瘦、膚色黝黑、還戴副眼鏡的木村先生。

　　在他辦公桌的透明軟墊底下，擺滿了許多紀念照，其中有不少是以往在車站工作過的口譯員的照片，每張照片旁邊還會分別疊上她們的名片，哪張是誰都一目瞭然。我想，這就是木村先生非常照顧每年來車站工作的臺灣口譯員的最佳證明。

　　甚至，2009年的口譯員還把木村先生稱做她的「日本爸爸」。

　　我的感覺雖然不至於那麼誇張，但木村先生照顧我的程度，的確比起親人有過之而無不及。除了工作上常給我幫助不說，他也很關心我一個人在北海道的生活好不好。

　　例如，有次因為太急忙出門不小心撞傷了大腿，也是木村先生去買藥給我帶回家擦的。而如果遇到我固定的週三休假時間，碰巧木村先生也休假時，他更會事先問我有沒有想去的地方，然後像導遊一樣規畫好行程表，開車載我和我朋友一起出遊，而且為了我們的安全著想，最後一定會送我回宿舍。

　　而在我生日當天，雖然大家之前已經幫我慶生過，但到了當天，原本休假的木村先生卻突然在我午休的時間開車到車站來，說要載我去外面的餐廳吃飯。最後，車子停在一間名叫「樹的好朋友（木のいいなかま）」的咖啡廳前。

　　神奇的是，那天原本是該店的定休日，卻剛好在午餐時間特別開放營業。而且即使外面掛著「滿席需等候」的牌子，不過，當我們進店裡一問，卻恰巧還有兩個人的座位，一切真的幸運得不可以思議。木村先生說，這大概是壽星的好運吧！

　　回到車站，木村先生還送了我一瓶紅酒，說給我帶回家跟室友一起慶祝。對於以上一切已經深受感動之時，我也注意到那天在車站休息室的洗手台上，擺了一朵我最喜歡的向日葵。後來我才知道，這也是木村先生特地為我去外面摘來的，只因為之前和他聊天的時候說過，我只要看到向日葵心情就會很好。木村先生如此貼心地用他的方式替我慶生，真的很令人感動。

　　就因為常開車出遊，聊天機會自然多，也會透過簡訊聯絡，因此木村先生是車站裡最了解我的一位工作人員，也是我所敬重的長輩。一直到現在，我還是保有發簡訊向木村先生報告近況的習慣。

　　2010年聖誕節前夕，他和太太第一次出國來臺灣玩，做為他的定年（退休）紀念之旅，我們也特地約在飯店大廳碰面，交換了聖誕禮物。很重視人與人的緣分與友誼的我，今後也會同樣珍惜著與木村先生的忘年之交。

　　我想，現在他的桌上應該又多了一張我的照片和名片吧。

☺ 營業主任：山田先生

山田先生的外型就如同他的外號「聖誕老公公」一般，頭大大、肚子大大，身材圓滾滾的，走起路來的模樣有點像企鵝，很可愛。

操著特殊口音的山田先生，講話速度特別快。而在這裡我也必須自首，其實每次山田先生跟我聊天的時候，我都只聽得懂五、六成內容而已。（苦笑）

雖然山田先生有糖尿病，但是他從不忌口，甚至曾經灑脫地說：「該死的時候就會死了。」

某天在車站上班的時候，旅客送了兩小盒從臺灣帶來的水果軟糖給我，我拿回辦公室以後馬上開了一盒請同事們吃，山田先生直說很好吃。之後，也許是為了回禮，某天山田先生在休假日結束後特地從他的老家帶了一包有點像是葡萄的野生水果來車站，說是要給我吃的。

深紫色果皮的圓形小果子吃起來酸不溜丟，滋味很是特別。雖然他嘴巴上說，不好吃可以把它放回冰箱沒關係，但是我深知他的用心。

不過，山田先生，我發現好像只有你喝醉的時候講的話我聽得最明白耶。

☺ 營業指導：山岸先生

剛認識山岸先生的人，一定會誤以為他很難相處，因為他說話總會帶點諷刺意味。甚至說他愛挖苦人也不為過，因為他幾乎幫車站裡的每個站務員都取了綽號。

例如，山田先生因為身材圓滾滾，加上「山田」這兩個字可以跟「Santa」念成諧音，所以就被山岸先生叫成了「聖誕老公公」。而高屋敷先生的姓，由於只跟「鬼屋」（お化け屋敷）的日文差幾個音，所以到了山岸先生的嘴裡自然就變成了「鬼屋先生」。

至於金子先生雖然沒有特別被取什麼綽號，但是山岸先生還是半開玩笑地跟我解釋說，他姓「金子」就代表著他是有錢人喔！

最可憐的莫過於車站裡的最年輕的站員河原君和清水君了，不但連「君」這個較有禮貌的對晚輩稱呼都給省略了不說，有時山岸先生在使喚河原君做東做西的時候，

還會被他戲稱爲「わんこ」，也就是「狗狗」的意思。但是由於日本職場禮儀的尊卑有序非常嚴格，所以年輕站員也就只會乖乖地照做，不敢多說話。

唯有跟山岸先生同期進JR北海道的木村先生比較幸運，只是名字被省略了一個字，而被暱稱爲「木さん（ki-san）」而已。

不過，也多虧了山岸先生替大家取了這些有趣的外號，才讓我進車站工作以後，沒多久就順利地記住了大家的名字，這樣看來也算是好事一件吧。

但隨著相處時間拉長，我後來也發現，雖然表面上看起來，感覺是山岸先生喜歡使喚那些年輕人做事，但是其實只是他不好意思表現對別人的關心罷了。

比方說哪天車站裡如果有人送了土產或水果來，而山岸先生希望我嚐嚐看的話，就會故意叫年輕站員去拿土產、或是去切水果，然後招呼我吃。再者，當他知道我常拍照是爲了發網誌之後，也會跟我建議拍照的地點或是拿些特別的東西讓我拍。而且在農業祭的聚會上遇到山岸先生的家人才知道，他下班回家以後，不訂時也會打開我部落格的網頁跟家人一起看，甚至還用翻譯網頁試圖看懂我寫的中文呢。

不過我一直在想，不知道山岸先生是否也幫我取了綽號？

☺ 營業指導：高屋敷先生

已經屬於祖父級的高屋敷先生，是車站的售票員。每回在車站窗口賣票的時候，與旅客應對的語調和笑容總是非常職業化，那樣刻意維持的禮貌，常惹得我在一旁看到時總是不由自主地在心底偷笑。

因爲有糖尿病的關係，高屋敷先生得忌口的東西很多，但又不像車站裡其他的伯伯會自己帶便當或是去外面買午餐，於是敬業的高屋敷先生，爲了不延誤工作，都會花最短的時間解決掉一餐，大部分的日子裡他都是靠泡麵果腹，而且我注意到他最常吃的是擔擔麵。

原本以爲他只是懶得挑，所以才每天都吃一樣的口味，後來一問之下才知道，原來高屋敷先生覺得市面所有上擔擔麵口味的泡麵裡，就屬7-11的擔擔麵最好吃。

聽他這麼一說，對發掘新美食一向不遺餘力的我，某天中午也好奇的去買了7-11的擔擔麵來當午餐。試吃以後我也覺得果真是很不錯，尤其對擔擔麵來說最重要的芝麻香也保留得很好，沒想到高屋敷先生對於挑選泡麵還算是挺有品味的。

如果有機會的話，也應該拿臺灣製造的泡麵給高屋敷先生嚐嚐，一決勝負才是。

☺ 營業部：金子先生

金子先生的座位就在木村先生借我暫坐的座位旁邊，他不多話，我們也很少有交集，但是有一件事情卻讓我一直感到在意。

就是關於在他辦公桌上擺著的那一杯便利商店裡常見的咖啡拿鐵，每天都是同一個牌子、同一種口味，咖啡本身不奇怪，但奇怪的地方是吸管上面永遠都套著個小帽子。

那個「吸管帽」是用白紙捲成了圓錐狀，然後用幾根釘書針釘了起來，造型非常簡單。

我盯著那咖啡吸管上的小帽子，整整疑惑了兩個月，左思右想兼仔細觀察後的結果，我從上面釘著的釘書針判斷這頂小帽子應該是金子先生自己手工做的，至於功能嘛，我猜應該就是為了防止異物從吸管口飄進咖啡裡吧。

總之，不知道為什麼，那杯咖啡拿鐵上面套著吸管帽的畫面，現在仍然深深地印在我的腦海，也是我對金子先生最主要的記憶了。

金子先生，那個吸管帽到底是什麼呢？

☺ 營業部：河原君

河原君是車站裡的開心果，只要閒來沒事就會變魔術給大家看。

我第一次看的時候便被他唬得一愣一愣，當時我驚訝的反應讓河原君很得意，但沒想到木村先生走過我們倆身旁卻只瞄了一眼，然後說他們早都看膩了。

每當車站有活動或是去酒吧唱卡拉OK時，河原君除了負責扮演熱場的角色，還會幫忙招呼大家吃喝、收活動費等等。

而且在活動結束的隔天，長官們因為宿醉而排休假在家休息的日子，通常也都會是河原君負責車站的「當番」，意思就是「值全天班」。等於說，車站裡大人們已經做到不想再做的事，就會交給當後輩的他處理，說得好聽一點的話有點像是接班人的角色。

工作之外，河原君對於吃拉麵和美食特別熱衷，不論是札幌、旭川、富良野、美瑛，甚至東京等地所有好吃的拉麵店情報他都瞭若指掌。在車站時也常拿一些報紙或

雜誌上的拉麵店資訊給我看，還會勾選出他自己的愛店，點名為「要注意」的店家。

　　我實際去吃過他推薦的幾間拉麵店，果然都比一般觀光客所熟知的店家賣的拉麵好吃很多。而且在夢幻打工結束後，我到東京自助旅行時也多虧有他傳授拉麵店秘笈，才終於在東京嚐到道地的東京拉麵。現在想到，還是會口水直流呀。

　　除了吃拉麵以外，河原君也對溫泉很有研究，他更曾經帶我到十勝岳吹上溫泉區的白銀莊泡溫泉。而11月再次回北海道探望車站同事時，河原君則又帶我到北海道最高處的「湯元凌雲閣」，那時候十勝岳山區已經開始下起白雪，在風雪中泡溫泉的經驗，跟夏天時果然很不一樣，也很難忘。

　　河原君，世界上有邊吃拉麵邊泡湯的地方嗎？下次請務必帶我去。

☺ 營業部：清水君

　　清水君是車站裡年紀最小的，非常年輕才二十歲就進入了JR北海道工作。可能因為外宿會讓家人擔心，所以老家在東川町的他，上班時都是開車通勤，而沒有住在美瑛車站提供的宿舍。

　　清水君非常有禮貌，不管對車站裡的所有前輩或是工作人員都是如此。每天中午的午餐他都是吃媽媽替他準備的愛心便當，在車站的一些慶祝活動上，他喝酒也喝得很保守，通常也不參加續攤，提早回家，是個乖巧的大男孩。

　　對照他和車站裡其他幾位已近退休年齡的伯伯，想到他若是沒打算轉行的話，就要從這年紀起一直在車站工作到六十歲，以臺灣人所習慣的行為模式和思考邏輯來看，就覺得相當不可思議。

　　四十年後我如果再到北海道旅行，會在美瑛車站遇到清水君嗎？不曉得到時候這個面貌清秀、皮膚白皙的年輕人，會變成什麼模樣呢？

8月初剛輸入境，車站裡上演一
場不可能的任務。

想深入了解日本，就要先了
解日本的飲酒文化

乾杯！總而言之先來杯啤酒吧

車站的同事說，每次聚會一開始要點飲料的時候，除非有什麼特殊習慣或偏好，否則的話，日本人通常都會先點一杯生啤酒。因為在餐廳裡啤酒一向是供應速度最快、也最為大眾化的酒精類飲品，這在日文就叫做「とりあえずビール」，意思就是「總而言之先來杯啤酒吧」。

日式酒吧在日文稱為「スナック」（snack），是「スナックバー」（snack bar）的簡稱，泛指所有以提供酒精性飲料及輕食為主，並附有吧檯的飲酒店。酒吧的店主多為女性，而這樣的女性一般被稱呼為「ママ」（媽媽桑）。

因為在臺北市的林森北路一帶也常見到掛著「スナック」招牌的風化場所，所以一般臺灣人對於日式酒吧多半帶有點情色的印象，感覺跟所謂的「酒店」沒有兩樣。坦白說，一開始我也是這麼認為，直到在北海道打工跟日本人實際走訪酒吧多次之後，我才知道真實的情況並不盡然是如此。

雖然スナック多半還是開設於風化區內，但是大多數的酒吧都只是提供客人一個喝酒聊天、唱卡拉OK，下班後放鬆一下的休閒場所，只是服務員清一色是女性，媽媽桑也會陪客人聊天。

我第一次的酒吧初體驗，是在美瑛車站的歡迎會上。那天晚上連去了兩間スナック，原本一看到「スナック」這個字，感覺有點怪怪的，但是後來發現除了我們以外，其他的客人也都挺正常的，純粹就是到店裡去喝酒，然後跟老闆或媽媽桑聊天或者唱唱卡拉OK而已。

在高橋站長最愛去的鬼義理裡，甚至也遇過年輕的女性上班族，或是附近學校的女老師來串門子喝酒，可見客人也不見得都是男性。

說到「鬼義理」，它可以說是我在日本最熟悉的酒吧了。它這名字取得很有意思，字面上看起來很陽剛，似乎很富有深意的感覺，但是它的諧音卻跟「おにぎり」（飯糰）是一樣的。

　　高橋站長說「鬼義理」的媽媽桑對料理很拿手，而且還會幫人看手相算命。媽媽桑的皮膚很白，五官長相很特殊，聲音沙啞，還頂著一頭像小丸子媽媽一樣的黑色捲髮，也許是因為閱人無數，她有著一雙銳利的眼神，好像能把人看穿一樣。

　　因為高橋站長常帶大家到那裡去喝酒，所以媽媽桑對站員們也都很熟悉，還能指出每個人的內在個性與特色，這點令我印象相當深刻。此外她也會記得每個人愛喝的酒的種類，所以常客不用多說，只要向她說一聲：「來一杯我平常喝的」，她就會立刻調好客人愛喝的酒端出來，連酒、水和冰塊的比例要多少都不會出錯，實在是很專業又細心。

　　經過幾次的酒吧體驗，我也確定了日本人真的都習慣在聚會的一開始先喝啤酒，但到了後來續攤的時候，長輩們就會開始換喝燒酎之類的蒸餾酒，一方面可能因為北海道算是比較鄉下、純樸的地方，所以很少看到有人喝威士忌或白蘭地之類的洋酒，還是以傳統的日本酒和燒酎最受當地人的喜愛。

　　不過，因為夢幻打工期間實在去了「鬼義理」太多次，有一次我忍不住偷偷問其他站員：「難道美瑛除了スナック以外沒有別的店嗎？」

　　只見站員無奈地聳聳肩說，是有其他的店，不過站長還是喜歡去「鬼義理」。

　　白天上班，晚上是聚會與酒的時光，因為這樣，我覺得自己成了道地的日本人。

歡迎會

每年夏天有口譯員來打工的時候，富良野車站和美瑛車站都會分別舉辦歡迎會。
我來打工的這一年，富良野車站的歡迎會在我們上工的第一天晚上就搶先舉辦
了，而我所屬的美瑛車站歡迎會則是在訂在兩週後舉辦。

當時高橋站長為了找尋適合的歡迎會場地則費了好一番功夫，因為當他們聽我說
富良野車站的歡迎會是在一間附卡拉OK包廂的餐廳內舉辦後，他們便也想在美瑛找
到類似的地點來舉辦歡迎會，目的當然是為了聽我這個臺灣歌手唱歌，這一點倒是令
我挺不好意思的。

好不容易在美瑛的小鎮上找到了合適的地點，是一間有卡拉OK小舞臺的酒吧。
進場後，照慣例，同樣先來杯啤酒在說。

也許是因為高橋站長為人親和，再加上我們已經在當地工作了一陣子，所以美瑛
車站的歡迎會，氣氛也相對地輕鬆愉快很多。

重頭戲來了，既然會場有個小舞臺，空間也寬闊了一些，於是我上臺時選唱了比
較大氣的抒情歌——MISIA的〈Everything〉。

唱完了這首所謂的「十八番」，也就是我在KTV的拿手歌曲後，我是歌手的這件
事似乎也令車站的大家所信服了。酒吧老闆聽完之後更是驚為天人，當知道我在臺灣
是出唱片的歌手時，沒想到竟然立刻掏錢出來說要買一張，就這樣，我在北海道賣出
了第一張JS的專輯，感覺實在很奇妙。

正式的歡迎會結束之後，我們又到另一間酒吧去續攤，可想而知，一定是那家高
橋站長的愛店鬼義理了。

到了這間酒吧，我們幾個女生改點了酸甜味的調酒，大家繼續喝酒唱歌，歡樂的
氣氛一直到接近末班車的時間，才終於依依不捨地結束。

美瑛的歡迎會，到「鬼義
理」續攤是常識（笑）

那智・美瑛火祭

每年的7月24日，固定在美瑛町舉辦的「那智・美瑛火祭」，是由穿著白色裝束的年輕人高舉大火炬，在夜晚的美瑛街道上以閱兵方式行進，氣勢盛大而精彩的祭典。

說起火祭的起源，要追溯到二十年前。1988年12月，大雪連峰的主峰之一的十勝岳火山爆發了，當時的美瑛町陷入了長時間警戒狀態，就算是夜晚，街上也不見飲酒作樂的人影，即使隔年春天避難命令已解除，小鎮卻因受此重大打擊而元氣盡失。

最後，經過美瑛神社的住持與美瑛町的開拓者共同討論之後，決定舉辦承襲開拓者們故鄉的祭典活動，也就是和歌山縣東牟婁郡的熊野當地最具歷史的祭典「那智的火祭」，為十勝岳的鎮靜與美瑛町的發展祈願。

於1989年起開始在美瑛町舉行「那智・美瑛火祭」，至今也已有二十年以上的歷史。

火祭上的重要主角便是十二支稱為「大松明」的大火炬，每一支大火炬重約三十五公斤，高約一・五公尺，用木片一根一根重疊成五層，祭典時，會用毛筆在最外層的木片上寫上祈願的語句。

火祭期間會有廟會和遊行等活動

火祭的重頭戲便是在丸山公
園所舉行的點火儀式

火祭遊行的終點在美瑛神
社，大火炬集中一處放置直
到燃盡，最後所有參與人員
在神社前合影留念

　　祭典開始後，穿著白色裝束的年輕男性便會高舉著大火炬，從丸山公園的望岳臺出發，一邊調節火力一路行進至美瑛神社，行走距離長達二十五英哩，需要相當的體力。

　　因為體力限制，因此女性無法擔當舉火炬的重任，但還是有很多女性表達希望能夠親身參與此一重要祭典的心願，因此第二代的火祭實行委員長考量到民眾的心聲，開始另外製作一支1000日圓、限定一百個縮小版的火炬，於7月20日左右起在美瑛車站前的四季情報館（觀光協會）販售，讓女性可以參加。

　　初次參加火祭，真的給了蘇菲亞不同於一般寺廟祭典的感受。因為一般祭典多半是抬神轎遊行，喧嘩熱鬧；然而火祭，看到在夜空下揮舞著點燃的火把，卻讓人感覺到生命力與魄力，視覺震撼也相當強烈。

　　尤其當知道了火祭的由來與歷史後，就更感動於創辦者的苦心。也讓蘇菲亞希望在有生之年可以有機會到和歌山縣去看一次正宗的火祭。

美瑛町觀光協會活動行事曆：http://www.biei-hokkaido.jp/event/index.html

我的宿舍

我的宿舍是一間3LDK的公寓，就位在距離富良野車站徒步七分鐘的地方。每天就是從這裡通車到美瑛車站上班。

公寓設備基本上跟臺灣的類似，比較不同的是反而是格局。日本房子多以一條狹長的通道貫穿，兩側分別就是一間間隔開、功能不同的房間。

而夏天在富良野的生活，基本上跟住在臺灣沒有太大差異。只不過由於當地夏天很短暫，所以房子裡一般都不會有冷氣，也因此宿舍裡只有一臺電風扇，有時候會悶熱得受不了。

要說生活上最大的不同，應該就是「垃圾分類」。富良野市的垃圾分類做得非常細，總共分了六、七類，也不能隨便丟出來，要按照市役所規定的時間表來丟，因此整理垃圾會花去不少時間，也需要購買專用垃圾袋。

但因為宿舍就位在公寓頂樓，所以陽台看出去就有絕佳的視野，晨曦與黃昏各有不同的景象。在夏天的晚上，偶爾還可以看到附近街上放的煙火呢！

不僅如此，每天下班從車站走回家也是一種享受。因為視野遼闊，沒什麼高樓大廈，因此會看到整片的天空和雲，常常都會彩繪出不可思議的色彩，光是盯著天空瞧就覺得好滿足而不自覺地揚起了嘴角，是最自然的心靈療癒。

同時，我在這間宿舍，也告別了我的二十九歲。不只是紀念生日，也是紀念我的夢幻打工生活，是一個難忘而珍貴的回憶。

當翻譯不只是翻譯，OMG！這句日文怎麼說？

在 JR車站當口譯員，除了要在旅客與站員間居中翻譯以外，也要負責旅遊嚮導的工作。在與旅客對應的過程中，我遇到了各式各樣令人意想不到的問題和狀況，有時候緊張到冒汗，有時候也讓我立場尷尬。

但經過這段歷程，不只精進了我的日文能力，同時也讓我更加深刻地體會到服務業的辛苦與難處，唯有凡事設身處地為旅客著想，並且用耐心加細心去處理每個小細節，才能讓旅客們的行程順利地繼續並滿載而歸。

在車站工作的初期，幾乎沒有問題難得倒我。

主要提問都是跟搭火車、觀光巴士和附近的地理環境有關，經過幾天的實際工作之後，很快就能熟悉了，因此只要引導旅客看時刻表，或是拿地圖出來畫出他們所要去的目的地和路線就行了。

不過，進入7月的旅遊旺季以後，開始有旅客請我幫別的忙——要打電話聯絡民宿來車站接他們過去。

由於這些請我幫忙的旅客多半不太會說日文，而日本的民宿主人又有很多不諳英文，因此徒有電話號碼，雙方卻無法溝通，所以需要我當傳話筒。

記得第一次有人請我打電話給民宿的時候，我完全不知道該怎麼處理才好，於是木村先生便立刻代替我撥了第一通電話。雖然他沒有特別說明，但我心裡明白他是好心示範給我看，所以我很認真地聽他與民宿主人的對話，默默地把那些句子和敬語記在腦海，畢竟這些可是日文檢定考題裡不會出現的啊。

來來回回幾次之後，漸漸地，我對打電話這件事情不再那麼害怕，甚至也認得了幾間民宿主人的外型和他們所開的接駁車輛的特徵，例如BiBi House的老闆長得胖胖的，留個大鬍子，戴著一頂鴨舌帽，開的是黑色的休旅車；而ポテトの丘的接送人員則總是穿著綠色的圍裙，然後戴一頂駝色的帽子等等，對一切不感到陌生以後，工作也愈來愈得心應手。

　　正當我覺得一切順利之時，又一個新的難題出現了。

　　有一家臺灣人從札幌來到美瑛、富良野一帶玩，卻臨時發現清洗好的衣物還放在札幌飯店的烘乾機裡忘了取出，著急的他們看到我身上掛著「中文Staff」的牌子，於是跑來拜託我幫忙打電話給札幌的飯店。

　　我一聽到問題當下也慌了，心想：「糟糕！『烘乾機』的日文是什麼？」，「乾」的日文是「ドライ」，「機器」的日文是「マシン」，難道烘乾機是「ドライマシン」？？？好像不太對啊……

　　或許就因為看到我絞盡腦汁的表情，這家人也大概猜到問題是什麼，因此馬上告訴我烘乾機的日文是「乾燥機」（Kansouki），原來他們早有準備。也因此我才能順利將狀況轉告給札幌的飯店解除難題。

　　其實車站的工作並不困難，我也沒遇過真的無法解決的狀況，但我覺得最大的困難反而是如何替旅客著想這件事。如何在他們遇到困難時，給予適當的幫助，並且設身處地讓他們感到愉快，這才是一門大學問。

在車站工作常收到禮物，也跟某些旅客成為了朋友。

張善為頂著招牌頭飾來出外景，非常顯眼。

訂車票請按照規矩來

夢幻打工期間，最多人詢問的問題之一就是票務問題，其中以利用JR PASS來車站的售票口——綠窗口（みどりの窗口）預約指定席的旅客最多。

JR PASS（Japan Rail Pass）又稱「日本鐵路周遊券」，是由JR集團的六家公司共同提供的通票，持用短期觀光簽證的外國旅客購買JR PASS便可無限次搭乘除了Nozomi新幹線列車以外所有JR列車的自由席。也可以事先劃位乘坐指定席，甚至有部分JR巴士及渡船也可以使用JR PASS搭乘，一票遊走全日本，省去不少購票麻煩，可說相當便利。

而且除了日本全國鐵路皆可使用的JR PASS，另外還有JR EAST（JR東日本）、JR WEST（JR西日本）、JR KYUSHU（JR九州）、JR HOKKAIDO（JR北海道）等幾種區域型票券可利用。

但是在我工作期間，卻遇到了「不良示範」，而且剛好就是來自臺灣與大陸。他們分別都按照某自助旅行論壇上的文章指示，在國內先上網刷卡訂了北斗星寢台列車的座位，而抵達日本換到JR PASS之後，接著再持PASS來車站的綠窗口，要求退掉刷卡時支付的乘車券費用並保留寢台座位，再取票。

為什麼要這樣做呢？這是因為北斗星的寢台座位通常在一個月前就會開放網路預

約，但是購買JR PASS的外國旅客要等到了日本當地才可以憑兌換券領到PASS，也才能夠持PASS去預約座位。

因此聰明的臺灣人為了避免自己出發旅行之後才臨時發生訂不到寢台座位的狀況，便要了個小聰明，一樣先上網訂位把座位搶下來，但到現場後卻採先退票再重買位置的方法，寧願損失一些退票的手續費也要想辦法提前訂到位。

但嚴格來說，這其實是有點鑽法律漏洞的手法。

對日本人來說，規定是如何就應該遵守，這種手法雖然說也不是行不通，但是卻會造成站員在處理退票程序上的麻煩，有時也會耽誤到其他在窗口排隊的旅客的時間。

為此我也特地請教了JR北海道的工作人員，他們表示當辦理退票手續時，全日本各地的售票處都有可能在座位取消的瞬間，訂下這個座位。因此即使當場辦理退票手續並再購票，也無法保證旅客可以用JR Pass再劃到座位。

而且並不是每個JR車站每天都有翻譯在現場可以幫忙溝通，當旅客和站員語言不通時，要處理這種問題更是麻煩，因此蘇菲亞在此必須鄭重向大家呼籲，該按照規矩來的最好還是按照規矩來。

旅行最重要的便是時間，與其把腦袋用在這種小聰明上，不如好好利用去多感受當地風情還來得更有價值。

「那個，請問……」在車站最常被問的問題

在車站打工，常常會遇到旅客來詢問各式各樣的問題，其中大部分都與列車時刻或觀光資訊有關，以下就來看看蘇菲亞在車站最常被問到的問題。

Q1：Twinkle Bus在哪裡搭車及購票？

A1：美瑛車站的Twinkle Bus站牌就在出車站左手邊，白色的站牌上寫著「ツインクルバス」，很容易辨認。購票則與車票一樣在美瑛車站的售票窗口購買就可以了，除了購買當天的車票也可提前預約，窗口旁則有預約單可供填寫。

Q2：「超廣角之路」和「拼布之路」哪邊比較值得看？

A2：簡單來說，要看你喜歡看花還是看樹。拼布之路比較多的是美瑛最知名的樹的景點，例如Ken&Mary之樹、Mild Seven之樹等等。而超廣角之路上的丘陵地形起伏比拼布之路更明顯，到達某個至高點還可以眺望到三百六十度的絕佳風景，超廣角之路的名稱也是因此而得來。且在超廣角之路往美馬牛方向，會經過四季彩之丘，是在美瑛最適合賞花的景點。如果你愛好自然風光，又有充分的時間在當地旅遊，當然建議你兩條路都走走看最好。

Q3：什麼時候來看薰衣草最適合？

A3：7月下旬到7月底是薰衣草開得最美的時候。大約從7月20日以後開始，富良野、美瑛一帶的薰衣草就漸漸開始綻放出夢幻的紫色，如果你來北海道最大的心願就是可以看到滿山遍野的薰衣草，那請務必在這個期間來，太早或太晚都無法讓你與薰衣草相遇在最美的時刻。8月上旬開始薰衣草就會陸續收割去做成加工製品，8月以後來的旅客就只能欣賞向日葵和其他美麗的花卉。

Q4：美瑛有沒有Shopping Mall？

A4：這……很抱歉，沒有。如果要購物還是請到旭川或札幌吧！美瑛是個小鎮，唯一稱得上可以購物的地方只有一間大型超市，既然來了美瑛，不如體會一下遠離塵囂的感受和自然風景的美好。

Q5：有沒有推薦的餐廳？

A5：美瑛的當地美食是「咖哩烏龍麵」，我最推薦到「Daimaru餐廳」（だいまる）去吃，出車站直走到第一個紅綠燈左轉，再步行約十至十五分鐘即可抵達。

....

Q6：離下一班車抵達的時間還有一段空檔，附近有地方可以坐下來休息嗎？

A6：美瑛車站附近最有名的咖啡店名叫「北工房」，那裡的咖啡豆是由店主親自烘培的，味道很不錯。從車站出發，步行約十分鐘左右即可到達。或者，不想走太遠的話，車站旁邊的觀光協會，那裡有空調、無線網路，洗手間也很乾淨，還有很多觀光資訊和土產紀念品，建議不妨到那兒走走。

....

Q7：車站附近有銀行嗎？用臺灣的提款卡可以提領日幣嗎？

A7：臺灣現在已經有很多銀行開放在日本提款的服務，只要持臺灣的提款卡，輸入四位數的密碼即可提領日幣現鈔。車站前的大馬路直走過紅綠燈，左手邊有北海道銀行，再往前走一點右手邊是美瑛郵局，兩邊都有ATM提款機，但只有日文和英文系統說明。

....

Q8：妳在哪裡學的中文？

A8：……我是臺灣人啊。

在車站打工的時候，很多華人旅客向我問問題時，會驚訝地說：「妳的中文說得很好」，有些旅客甚至會因為以為我是日本人而不敢來跟我說話，相反地也有許多日本當地旅客跑來用日文問我問題或找我聊天。難道我真的長得那麼像日本人嗎？（笑）

美瑛什麼沒有，自然風景最多！

啤酒大會是美瑛整個
夏天最熱鬧的盛會

啤酒大會

對日本人來說，夏天是啤酒的季節。
因此，即使是在北海道，也少不了大大小小的啤酒活動。剛好我也分別參加了美瑛與富良野的啤酒大會。

美瑛的啤酒大會率先登場，在7月初的週六舉辦，時間剛好就在歡迎會過後沒多久。主辦單位是美瑛町的町政府，所以幾乎所有居民和工商團體都來參加了，而我們JR美瑛車站也在其中。

啤酒大會有點像是大型的同樂會，台上有當地中學生的管樂隊表演和抽獎活動，台下大家吃著日式炒麵、薯條或自己帶來的食物，配上現場供應的SAPPORO生啤酒，瀰漫著一片歡樂的氣氛。

啤酒大會一直從下午進行到晚上，蘇菲亞覺得這與臺灣的園遊會最大的不同在於「夏天就是要喝啤酒」這件事情本身。

啤酒大會上一定會有喝不完的啤酒，因此愛喝酒的日本成年人對此會感到特別興奮，而臺灣園遊會的主角則多是以小朋友為主。同時，在臺灣大人們平常多半習慣在熱炒店或餐廳喝啤酒，而且一年四季都會喝，所以「夏天」和「啤酒」的關聯也就沒有像北海道當地感覺這麼密切，更別說為了迎接夏季的到來特地舉辦「啤酒大會」這樣的活動了。

雖然場內的氣氛還很熱烈，但站長卻突然說要帶我們去另一間名為「七福」的燒烤店續攤，於是我們全員便中途離席，我也在摸不著頭緒的狀態下跟著離席。但由於

酒要與食物搭配，
啤酒、清酒、燒酎
各有巧妙不同

該店內滿席，於是只好又去了常去的鬼義理（笑）。

　　或許就因爲每次都在同一家店續攤，高橋站長怕我會膩，所以在知道我沒喝過日本酒或燒酎之後，便請媽媽桑各開了一瓶日本酒和芋燒酎給我嚐鮮。

　　名爲「白鶴」的日本清酒帶有米的香甜，芋燒酎喝下口之後則會有濃濃的蕃薯香味殘留在鼻腔，兩種酒的滋味各有不同，也都是我的初體驗。

　　而之後在富良野市舉辦的啤酒大會，感受就不太一樣了，因爲成員主要是來自富良野觀光協會，還有幾位當地有頭有臉的大人物，例如飯店老闆等等，所以整個啤酒大會反而比較像是社交聚會，少了點歡樂的氣氛。

　　富良野的啤酒大會辦在戶外，當天晚上剛好下著雨，我們只好在搭好遮雨棚的座位內喝啤酒、吃燒烤，別有一番風味。

　　暢飲完啤酒，大家幫忙把座位收拾乾淨，當然還是照慣例要繼續移動到另一間酒吧續攤。

　　或許是因爲今天喝了比較多酒，也可能是因爲大家更熟識了的關係，當天我算是真正目睹了日本上班族在下班後完全放鬆的一面。男人們不僅是酒後面部表情不再嚴肅緊繃，與女性談話的內容和肢體動作也開始變得輕佻，這些無傷大雅的舉止，或許也就是包含在酒吧文化中的一部分吧。

　　離開了酒吧，其他人還想要去第二次續攤，這就是日本人，精力充沛，爲了喝酒完全不管明天是否需要上班的熱血精神。

　　順道一提，除了美瑛和富良野，札幌和北海道各地在夏天都會舉辦類似的活動，大家有機會在夏季到北海道旅遊的話，一定要親自去體驗一下喔！

榮耀日

在我整趟夢幻打工期間，如果要說最特別的一天，我想應該就是7月19日了。當天我下班後一如往常搭上列車回富良野，當列車停在中富良野站時，我還在聽著iPod裡的音樂，待回過神來才發現列車停在這站的時間有點久，而且身旁開始陸陸續續有乘客去向列車駕駛員問話。

環顧四周，這班列車上有些旅客是坐長途要轉車到帶廣或札幌的，而其中有些還是之前在美瑛車站遇過的來自香港或新加坡的觀光客。

雖然已經下班，但看著他們因為怕列車誤點會耽擱到後續行程而緊張著，身為翻譯的我當然不能坐視不管。

我先向幾位旅客詢問了他們要前往的地點及轉車的時間後，再跟駕駛員詢問目前的狀況和列車可能停留的時間，隨後也再用手機傳簡訊給當天美瑛車站當班的木村先生，告知他列車出了狀況。

其實當時我的心裡也很緊張，但是為了不讓旅客更驚慌，因此盡量維持著自己情緒的平穩繼續等候，直到木村先生趕到中富良野站。同時我也從駕駛員那邊得知列車停駛的原因，是因為有人在列車軌道上放置了石頭，為了維護乘客安全，車站已經立即派人去把石塊移開了。

由於當時車上大部分的旅客是華人，所以後來木村先生和列車駕駛便特地把車內廣播用的麥克風交給我，請我用中文向旅客們說明狀況，並轉達狀況已排除，列車在短時間之內即將再度發車。

當廣播完畢，我隨即就聽到車上旅客報以的熱烈掌聲，當下真的覺得很榮耀。

最後，這一班原本應該在18點58到達富良野站的普通列車，延誤了整整一個小時，到19點57才到達終點站富良野。

原以為事件終於解決，但這時我卻在列車上注意到一對香港母女檔，因為先前在美瑛車站有幫她們處理過遺失物的找尋，所以我認得她們的臉，也知道她們接下來還要從富良野轉車到札幌。

她們跟我說，原本的計畫是想利用轉車空檔在車站附近用餐，但是由於這樣臨時狀況的發生，時間變得比較緊迫，但肚子又咕嚕作響，不知如何是好。

因為擔心她們對附近的地理環境不熟悉，迷路的話會趕不上轉乘的列車，所以我乾脆領著她們走最快的捷徑，先到便利商店去買東西吃，然後再把她們帶回車站，一直到她們上了車，我才安心地走回宿舍。

雖然鬆懈後感覺有點疲累，不過也因為經歷了這樣的意外狀況，讓我親眼見識到車站工作人員對於危機處理的仔細，不只是中富良野本身，連同美瑛和富良野車站也都在第一時間立刻派出人力支援。

更貼心的是，那些準備轉往其他地方的列車班次，也全都在富良野站原地等候，直到確定所有欲轉乘的旅客都上車後才駛離，一切以乘客的需求為最優先考量。

這種種看在我眼裡，使得內心十分感動，也以身為在JR北海道車站工作的一份子為榮。

事後木村先生書寫事件報告時，也特地將我幫忙廣播的事情一併寫進了報告裡，要求車站給予適當的獎勵。於是，我得到了高橋站長送給我的價值3,000日圓圖書禮卷。

對我來說，精神意義大於實質，這是榮譽的象徵。

富良野車站為參加肚臍祭特製的前導小火車

北海肚臍祭

萬物皆有中心點，人體的中心便是肚臍。那麼如果是北海道的中心標，應該也就可以稱做是北海道的肚臍了。

而北海道的肚臍就是「富良野」，因為在富良野市民憲章裡提到了「富良野市是北海道的中心標」，這也成了肚臍祭的起源，至今已有約四十年的歷史了。

當初為了將來的觀光與商業的發展，因此當地人決定以鄉土文藝活動的方式把這樣的想法具象化，演變成了現在的肚臍祭。而以幽默為出發點的肚臍祭，最初是個僅有十一人參加的小小祭典，如今卻成了北海道最大的祭典之一，現在固定在每年的7月28日、29日兩天舉行。

肚臍祭也是一個比賽，因此會有許多團體組隊參加，像是JR北海道的富良野車站

肚臍祭最主要的特色就在於
男性舞者肚皮上精緻的彩繪
圖案

每年都會參加，成為車站的一種傳統。雖然我隸屬於美瑛車站，但也一起共襄盛舉，
而蘇菲亞的浴衣初體驗也獻給了這次祭典。

　　祭典是這樣的，每支參賽隊伍在開頭都會有前導，用不同的方式介紹自己的隊
伍，可能是造型特殊的道具或簡單的立牌，接著就是在肚皮上畫上人臉的人員，類似
我們印象中的肚皮舞，我想這也就是「肚臍祭」的象徵吧。最後才是穿著浴衣的隊員
一路跳著「肚臍舞」（へそ踊り）跟著前進。

　　什麼是肚臍舞呢？它的特色就是要跟著稱為「へそ音頭」的傳統音樂的節奏舞
動，肚皮上畫圖的男性因為雙手還舉著大斗笠，所以舞蹈動作以雙腳左右踏步加上踮
腳跳為主，著浴衣的女性則除了腳部動作以外，雙手也要配合節奏拿著團扇左右揮
舞，非常有趣。

祭典在晚上7點正式開始，富良野車站從站長到年輕的站員們，全都在肚皮畫上了精緻的彩繪圖案，隊伍的最前方是一列縮小版的Norroko小火車，上面寫著JR北海道，而且車頭還會冒煙呢，可見車站為贏得肚臍祭大獎做足了準備。而其他所有參與者則在祭典開始的半小時前惡補了肚臍舞，接著在祭典開始之後按照遊行路線邊跳舞邊前進。

　　這天下了點小雨，加上穿著木屐跳舞，還真有點累人，等到舞跳完頭髮也被淋得半濕了。

　　表演結束後，沒想到我們的隊伍竟然得到了優勝，而且還有獎金1,000,000日圓，真是太開心了。我們幾個臺灣女生，興奮地捧著優勝的大獎牌拍下了紀念照，真是太難得的經驗了！這絕對是我永生難忘的回憶！

富良野北海肚臍祭網站：http://www.furano.ne.jp/hesomatsuri

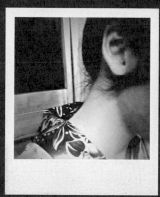

蘇菲亞參加的這一年，富良野車站獲得了肚臍祭大賞！

你們那邊的人都這樣嗎？

在車站工作了一陣子以後，時常往來站內的工作人員也漸漸習慣了我這個中文口譯員的存在，開始會向我抱怨一些事情。對我來說，這算是這份工作的另一個收穫，可以從不同角度看自己的民族。

例如，負責清掃的阿姨就常在休息時跟我聊天，她說從「我們那邊」來的觀光客，衛生習慣實在不太好，上完廁所都會把廁所弄得很髒亂，害她每天拖地拖不完、垃圾丟不完，有的時候甚至擺在裡頭備用的衛生紙還會整捲不翼而飛。

聽了這番話，雖然我深感不好意思，但也想替臺灣人申冤，因此也開始默默觀察了起來。

但事實證明，清掃阿姨說的並沒有錯。

日本人即使是上公共廁所，還是會處處小心，幾乎不會有弄髒馬桶座墊或廁所地板的狀況發生。或者說，就算不小心弄髒了，也會自己清理乾淨才離開，有些甚至還會把捲筒衛生紙折出三角，讓下一位使用者方便抽取。

如果遇到衛生紙用完了，或是發現馬桶不能沖水，還會在出廁所後跟下一個人事先提醒。

但是在臺灣的公共廁所就常出現令人困擾的情形，比如說，有些人不愛坐在馬桶座墊上，結果上完廁所整個座墊都被弄濕了，也不把它擦乾淨就拍拍屁股走人，或者有人會掀開馬桶蓋蹲在馬桶上，下來以後馬桶上就留下了黑黑的鞋印，其他像用過的衛生紙亂丟等等的就更不用說了。

維持良好的國際形象，從公共廁所衛生做起！

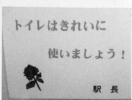

另外，同樣也會向我抱怨的就是Twinkle Bus（觀光巴士）的車掌小姐了。

Twinkle Bus是一種有固定行程安排、定點停留，最後再原車回到車站的觀光巴士。因為每個景點會讓旅客下車觀光，也會有集合時間，要是有旅客沒有注意集合時間而沒上車，時間一到巴士還是會直接開往下一個景點，沒回車上的旅客就得自己想辦法回車站才行。

因此要是遇到沒有時間觀念的旅客，也會非常麻煩。

因為日本當地旅客多半都很重視行程的預先安排和守時的觀念，而「我們這邊」的旅客在行程安排上則多半比較隨性，常常沒有預約，來到當地才決定要用什麼交通方式觀光。而且，有時候預約了Twinkle Bus的座位後，卻又不準時到車站候車，等車子快開了才匆匆忙忙趕上車，或者臨時決定不搭巴士了卻又不按照程序取消，座位就這麼空著，造成其他想搭車的旅客反而搭不到車。

據說這就是Twinkle Bus原本可免費搭乘，後來卻開始收費的主要原因。

說實在的，在日本打工的我，看到和自己來自同樣地方的觀光客做出令當地人困擾的行為時，也同樣感到不好意思。

可能有些人認為出了國、到了沒人認識自己的地方就可以毫無顧忌，但是要知道其實每個人在外面都是代表了自己的國家，幾個同樣國家的人做了不好的事情，就會讓別人誤以為你們國家的人都是如此了。

所以蘇菲亞希望大家出國的時候要多注意自己的行為舉止，維持好自己的形象，也就等於間接地替自己的國家維持了良好的國際形象喔！

居酒屋的大蒜炒飯好好味！

送別會

在北海道，我總共經歷了三場的送別會。

8月2日，是原本由兩個名額增加到三位的富良野車站口譯員「Sue」工作期間結束的日子，於是，大家便先在居酒屋替她辦了送別會。

跟歡迎會時情況不同，這一場送別會上沒有「大人」參加，站長和副站長都碰巧有事不克出席，所以一班年輕人也就特別放鬆，下班後大家一起約在據說是富良野最受歡迎的居酒屋「なんまら」（Nanmara），先吃飯喝酒填飽肚子。幸好不是在美瑛，終於不用再去鬼義理了（笑）。

就因為特別放鬆，所以這一晚，富良野的站員們總算也展現出了實力和誠意，一家又一家的續攤，酒酣耳熱之際，愛唱歌的站員們全都開了金嗓，紛紛點播自己愛唱的歌。

其中我們去的第一間酒吧很特別，唱完歌還有評分，一旦達到特定的分數，就可以贏得免費的酒水或獎品，是臺灣沒有過的經驗。有人拿到面紙，有人贏了Nikka的香檳，我則靠兩曲中島美嘉和自己的歌替大家贏了兩瓶威士忌，逗得Sue超開心，還當場跳起舞來。

當天我們總共續了三攤以上，時間也已經超過凌晨一點了，但大家卻還是欲罷不能，再次讓我感受到日本人的無窮精力。

而屬於我的送別會，則是在一週後舉行。

　　8月10日是我和另一位富良野車站口譯員工作結束的日子，美瑛車站和富良野車站都不約而同地舉辦了烤肉Party做為送別會，時間分別訂在8月9日和10日。

　　首先登場的是8月9日美瑛車站的烤肉送別Party，地點就在美瑛車站員工宿舍旁的空地，我抵達的時候，現場的準備已經大致就緒。

　　空曠的空地上，只有一個個鐵製的炭火爐整齊排列，兩旁則是用紅色的SAPPORO啤酒搬運箱加上厚木板臨時搭成的座位。有點簡陋，但卻很有人味。河原君邊生火邊搞笑，木炭似乎有些受潮了，花了好久時間才點著火。

　　他特地說，烤肉Party上用的肉類和豬大腸，還是他們特別上網訂的上等食材呢。放眼望去，生啤酒、日本酒等等酒類也一應俱全，附近的農家也送來新鮮野菜給我們加菜，對於這一切，我都懷抱著感謝的心情。

　　在差不多吃飽的時候，突然間，天空下起了大雨。為了躲雨，大夥兒全部擠進一輛九人巴，目的地當然又是前往鬼義理酒吧續攤。

　　因為是夢幻打工結束的送別會，所以我也喝得多了點，並且盡量放開去和大家玩、唱歌和拍照，畢竟這樣全員到齊的場面，之後可能不再有了。我也特別注意到，就連一向不參加續攤的清水君這次也都在酒吧裡待了好久。

　　等到搭末班車回富良野的時候，我已經醉得很厲害了，夢幻打工的最後一夜，我光是坐在位子上，都覺得天旋地轉。

　　隔天，8月10日，是夢幻打工的最後一天。

美瑛車站烤肉Party，食材超講究！

因為前晚喝了不少，所以當天休假的木村先生因為擔心我，早上還特別跑來車站看了我一眼。最後一天，還是感受到滿滿的關心。

不過，我依然精神奕奕地在上班，很顯然地，我在這兩個月經過大大小小的喝酒聚會訓練之下，酒量已經更上一層樓了。

當晚下班，交回寫著「中文Staff」名牌後，就算是我這份打工正式宣告結束了。拿下掛在脖子上的名牌時，頓時覺得有點捨不得。

很巧的，富良野烤肉送別Party的地點異曲同工地就選在車站宿舍中間的空地。當我抵達的時候，比我提早到的人早已經先吃了起來，送別會已經開始了。

跟美瑛車站比起來，富良野的烤肉Party相對地隨性許多，兩個簡單的烤肉爐，幾張散置在周圍的椅子，大家各自圍成一圈，這兒一句、那兒一句漫無邊際地聊著天。

當天氣候很好，抬頭就可以看到滿天的星星，這才想到，下次能像這樣再看到富良野的天空，不知道是何時了。也唯有這時，離別的感受才最真實。

Party在晚上11點多結束，今天反常地沒有續攤，而是幾個大男生貼心地陪我們兩個女生散步回宿舍，大家一路上說說笑笑，走到宿舍門口才解散各自回家。這或許是另一種「續攤」的方式，就像是一個大家給的臨別禮物。

現在想想，也許是因為日本人性格內斂，不善於面對離別場面，所以才設計了這些形式和活動，來掩飾離別本身令人沈重的情緒與氣氛吧。

人生無不散的筵席，五十天的夢幻打工在歡笑聲中結束，這些活動，讓我的打工生活，多了許多美好的回憶。

富良野車站特產花美男（誤）

跟站長們唱卡拉OK最開心

在美瑛富良野一帶，搭大眾
運輸便可玩遍不少景點

富良野車站的黃昏景色

☺打工也要度假，北海道吃喝玩樂

美瑛、富良野玩透透

整個北海道可區分為道南、道央、道北及道東四個區域。而夢幻打工地點所在的富良野與美瑛，是屬於道央地方，加上富良野的位置又幾乎是在北海道的正中心，所以被稱為北海道的「肚臍」，也因此富良野每年夏天都會舉辦「肚臍祭」來慶祝。

　　道央地區也可以說是整個北海道最美的地方，更是花卉與農業的主要產地，也吸引了許多電視劇及電影的拍攝取景，因此成為了旅客到北海道旅遊的主要區域。

　　美瑛車站和富良野車站則分別是屬於自旭川到富良野之間JR北海道「富良野線」上的兩個車站，路線所經之地由北到南依序有上川郡美瑛町、空知郡上富良野町、空知郡中富良野町、富良野市等四個鄉鎮市，也是主要景點的集中地。

　　在北海道夏日夢幻打工的兩個月期間，除了工作的時間以外，美瑛、富良野一帶不管是用雙腳走得到的、坐車能到的或是駕車才能去的景點，蘇菲亞幾乎全都去過了。夏季的重要祭典，也一個都沒錯過。所以，想知道在美瑛、富良野該怎麼玩的話，看下去就對了。

美瑛
上富良野
中富良野
富良野
南富良野
占冠

道央簡圖

看美景

　　由於北海道當地氣候四季分明，再加上美瑛境內有著類似南法普羅旺斯的丘陵風光與夏季的花田美景，因此從以前到現在都吸引了不少知名攝影家長住於此，而使得美瑛成爲北海道非常著名的觀光勝地之一。

　　而一般人最熟知的「富良野」，一看到這三個字一定會馬上聯想到夏季盛開的薰衣草，也是不容錯過的景點。但除了有薰衣草外，富良野同時也因爲當地曾是日本長壽連續劇《來自北國》（北の国から）的拍攝場景地而頗富盛名。

　　而在美瑛到富良野之間，各個車站也分別有不同的景點值得大家一探究竟，因此，蘇菲亞特別以各個「車站」爲中心，精選一些可以遊玩的地方，對於時間不夠的人來說可以優先選擇拜訪。

　　其中，有一些景點前加上了 (祕) 的圖示，就表示那是一般旅客比較少知道的祕密景點喔！

富良野・美瑛廣域國際觀光指南：http://www.furano.ne.jp/hanabito-tw

一、美瑛車站附近景點

★ 四季之塔（四季の塔）

交通：從美瑛車站前的大馬路直走約15分鐘，就位在美瑛町役場（鎮公所）旁

　　美瑛車站附近唯一步行可到的景點便是——四季之塔。四季之塔的外觀與義大利威尼斯聖馬可廣場上的鐘塔極爲神似，兩者皆是青綠色的尖頂配上磚紅色的塔身。搭乘電梯可到達四季之塔的頂端，塔高三二・四公尺，且四面都有觀景玻璃窗，加上美瑛鎮上無高樓建築，因此只要登上此塔便可從三百六十度欣賞到整個丘陵美景。

登上四季之塔立即就能將美瑛町的全景盡收眼底

★ 四季彩之丘（四季彩の丘）

交通：可在美瑛車站搭乘Twinkle Bus到達，但是下車觀光時間有限。或者，也可從美
　　　馬牛車站步行前往，約需花費20~30分鐘

　　若想在美瑛賞花，最著名的便是「四季彩之丘」或是「Zerubu之丘・亞斗夢之
丘」。

　　四季彩之丘就位在美瑛和美馬牛之間，屬於知名的「超廣角之路」（パノラマロ
ード）的範圍。超廣角之路就位於國道237號線上，美瑛鎮中心地南側，因至高處能
夠欣賞到三百六十度丘陵地形風景而得名，更是許多攝影愛好者心中最美的北海道聖
地。

大波斯菊

廣美人

蘇菲亞說要 check!
超廣角之路上的主要設施和景點有四季彩
之丘、新榮之丘展望公園、聖誕樹之木，以及
已故知名攝影師前田真三的寫真館「拓真館
（拓真館）」等。

★ Zerubu之丘・亞斗夢之丘（ぜるぶの丘・亞斗夢の丘）

交通：無大眾交通工具可到達，距離最近的車站為「美瑛車站」，可轉搭計程車前往

　　Zerubu之丘的原文「ぜるぶの丘」其實是個奇怪的名字，因為是取「かぜ」
（風）、「かおる」（芳香）和「あそぶ」（遊玩）這三個字的字尾來命名，位置
在「拼布之路」（パッチワークの路）的入口附近。拼布之路同樣位於國道237號線
上，美瑛鎮中心北西側的丘陵地帶，因沿途為廣大的農地，種植著不同的花卉和農作

Zerubu之丘的花卉
種類眾多，而亞斗
夢之丘則擁有欣賞
Ken&Mary之木的絕
佳視角

物，有如手工編織成的拼布一般而得名。

　　而且隨著季節變換，在丘陵上可以欣賞到油菜花、馬鈴薯的花、蕎麥的花、麥田與牧草圈及白雪皚皚等四季全然不同的景緻，同樣是極富知名度的景點。

蘇菲亞說要check!

拼布之路上的主要設施與景點除了有位於入口處亞斗夢之丘的花田，還有北西之丘展望公園、Ken&Mary之木、親子之木、Mild Seven之丘等因廣告拍攝而聞名的樹木或景點。

★ 青池（青い池）

交通：從美瑛開車前往，須走北海道道996號往白金溫泉及十勝岳方向

　　「青池」是個比較少觀光客知道的景點，這裡的池水因為受到火山灰成分的影響而形成一片藍色，要是在天氣晴朗的日子造訪，就會看到池水才會看來格外地藍。

　　沿路上還可以去取汲白金名水「美鄉不動尊」（みさとふどうそん）的天然泉水，或者到白鬚瀑布（白ひげの滝）和白金溫泉區（白金温泉地区），泡完溫泉還可以到千望峠（せんぼうどうげ）賞夜景唷！

　　如果下山的時間還早，不妨一路開到上富良野的深山峠（みやまとうげ），那裡有摩天輪，也有展望台可欣賞風景。

租車遊美瑛，務必到
青池一遊

★ 千代田農場（ファームズ千代田）

交通：位在超廣角之路往千代田之丘方向，無大眾
　　　運輸工具可到達，可從美瑛車站搭乘計程車
　　　前往，約需10分鐘

　　在廣場內可與各種動物做近距離的接觸，廣場
旁的小賣店有販售紀念品與霜淇淋，農場還有附設
餐廳，另有各種需付費的農業體驗，例如種植紀念
樹等等，全年無休並有免費停車場。從附近的千代
田之丘展望高台上往下看，可將包含千代田農場在
內附近的丘陵風光一覽無遺。

把「徐行」寫成了「隆行」的標誌

可愛的兔子讓人想到「愛麗絲夢遊仙境」

★ 哲學之木（哲學の木）

交通：無大眾運輸工具可到達，可從美瑛車站搭乘計程車
　　　前往，約需18分鐘，由千代田公園東側的三叉路口
　　　進入即可抵達

　　一樣是位於超廣角之路上的景點，其斜立的姿態彷彿
歪著頸子沉思的哲學家，因此得名。附近的公路風景與夏
天時綠油油的草原和稻田，是愛好攝影者絕佳的取景地。

飄著細雨的陰天，跟哲學之木的氣質很搭

★ 新榮之丘（新榮の丘）

交通：位在超廣角之路三愛方向，搭乘Twinkle Bus美瑛號可透過車窗觀賞，但不能下車。可從美瑛車站搭乘計程車前往，約需10分鐘

　　和緩的丘陵上有著廣大的馬鈴薯田、玉米田和稻田，可以欣賞到最具北海道特色的風景，尤其當農田被夕陽染色時，據說在這裡能看到美瑛地區最美的落日。附設停車場、販賣霜淇淋的賣店，還有木製固定腳架和站臺，可以拍攝團體紀念照。

新榮之丘的夕陽美
景攝於美瑛第一

二、美馬牛車站附近景點

★ 美馬牛小學（美馬牛小學校）

交通：從美馬牛車站步行約需12分鐘

美馬牛小學校

　　美馬牛車站的站名來自愛奴語中的「ピパ・ウシ」，意思是「有沼貝的地方」，但它其實是個無人車站，附近也挺荒涼的。不過，就因為車站旁邊就有一間青年旅館，所以來北海道自助旅行的背包客多半都知道這裡。

　　美馬牛小學內的其中一棟校舍建築是有著三角屋頂的塔，這裡的風景因為曾出現在攝影家前田真三的攝影集——「有塔的山丘（塔のある丘）」中而逐漸廣為人知，需注意的是拍攝時不能踏入校區或附近農地，避免出聲叫喚學童或偷拍學童的照片，下課後的時間校區亦不開放。

★ 拓真館（たくしんかん）

交通：位於超廣角之路的中心地帶，搭乘Twinkle
Bus美瑛號可下車觀光，從美瑛車站搭乘計
程車約需15分鐘，從美馬牛車站步行約需花
費30~40分鐘

前田真三是日本全國知名的攝影家，他在美瑛
當地從事攝影活動的時間長達二十年，將美瑛四季
的美景紀錄得相當完整，因此透過他的攝影作品成
功地將美瑛的景色推廣到日本全國甚至世界各地。
而受到他的影響與啓發，也有不少攝影師紛紛跟
進，移住到美瑛當地從事攝影活動。

拓真館也是許
多旅行團必遊
的景點

拓真館是利用已廢棄的舊千代田小學校舍改建
爲展覽館的，裡面展示著約八十件前田真三的攝影
代表作，也有販售攝影集、明信片等，附近有盛開
薰衣草的千代田公園，與向日葵花田。

★ 聖誕樹之木（クリスマスツリーの木）

交通：無大眾交通工具可到達，距離最近的車站爲
「美馬牛車站」步行前往約需花費45分鐘。或
可在美馬牛車站前有出租腳踏車，普通腳踏車
出租一小時爲200日圓，電動腳踏車出租一小
時爲600日圓

聖誕節對於蘇菲亞有著特殊的意義，因爲我出道
第一首單曲就是聖誕歌，歌名叫〈Say Forever〉。

所以當我知道美瑛有一棵名爲「聖誕樹之木」
的樹那一刻起，就令我開始對能到樹前拍照這件事心
生嚮往。聖誕樹之木的外型與聖誕樹相似，仔細看的
話，樹頂似乎還有著星星的形狀。這棵樹最特別的地
方在於，它的形狀並不是人工修剪出來的，而是自然
生長而成，就像是從天而降的聖誕樹一樣。

初夏的聖誕樹
之木有匙葉龍膽
花相伴

而此處附近還有紅色屋頂的農舍小屋，再加上周
圍環繞綠黃色交錯的農田，很容易可以拍出有如風景
明信片一樣美的照片。

三、上富良野車站附近景點

★ 日出公園（日の出公園）

交通：從上富良野車站步行約20分鐘可抵達

　　此一景點也是觀光客比較不會來的地方，但卻是當地人拍婚紗照最愛的地點喔。據說日出公園才是富良野地區最早開始培植薰衣草的農園，為一有著高臺的町營公園，展望臺西側可眺望薰衣草園（花期約在每年7月20日～8月10日左右），東側可以眺望十勝岳連峰，山頂上有一座「愛之鐘」，常有新人在公園內拍攝婚紗照，使得整個園區瀰漫著羅曼蒂克的氛圍。

白色婚紗在紫綠
相間的薰衣草田
襯托之下會更美

★ 後藤純男美術館（後藤純男美術館）

交通：搭乘秋季的Twinkle Bus美瑛號（藝術路線）可下車觀光，從上富良野車站搭町
　　　營巴士在「美術館前」下車，步行約1分鐘

　　後藤純男是日本畫的知名畫家，1986年曾獲頒日本總理大臣獎。他因為受到北海道嚴酷的自然氣候吸引而開始描繪北海道的風景，並以此地作為他的創作基地。後藤純男美術館於1997年開館，2002年又增設新館，新館二樓有可以欣賞到十勝岳風景的餐廳和資料室，新舊兩館合計約有六百平方米的展覽空間，內部展示了不少他的主要作品。

過了花季遊美瑛不妨
來趟藝術之旅

後藤純男美術館：http://www.gotosumiomuseum.com

★ **Flower Land Kamifurano**

（フラワーランド　かみふらの）

交通：無大眾交通工具可到達，從上富良野車站搭乘
　　　計程車約8分鐘

　　雖然北海道有許多地方都可以看到薰衣草，但知
名景點通常人潮都非常多，因此蘇菲亞特地介紹另一
個花田給大家。

　　Flower Land Kamifurano為一私人花田，入場門票
為成人500日圓，兒童200日圓。除了一片廣大的薰衣
草田以外，從6月的德國鳶尾花，到秋天的波斯菊都
可以在這裡欣賞得到。薰衣草風味的霜淇淋，也是店
家推薦的點心。園內還有遊園卡車巴士、薰衣草手作
物、農產品採摘等付費體驗活動，冬季也開放。

Flower Land Kamifurano：http://www.flower-land.co.jp

四、中富良野車站附近景點

★ **薰衣草農場**

交通：距離最近車站為中富良野站，不過在花季期間會特別設有「薰衣草田臨時車
　　　站」（ラベンダー畑駅）則距離更近，步行約7分鐘即可抵達

　　中富良野站雖然是無人車站，但是卻因為附近有多座種植專門薰衣草的農場而成
為夏天最熱門的景點，附近最知名的非「富田農場」（冨田ファーム）莫屬了。富田
農場是大多觀光客最為熟知的觀看薰衣草農場，還可以看到彩色花田，非常美麗。

★ Lavender East

交通：距離最近車站為中富良野站，不過，步
　　　行需要花上一個多鐘頭的時間，因此建
　　　議租自行車前往

　　除了上述的富田農場之外，蘇菲亞還要特
地介紹一處新興的賞花去處，那就是在2008年
6月由富田農場新開設的「Lavender East」。顧
名思義，是位於原本富田農場的東邊。由於名
氣不如前者，所以人潮較少，可以更舒服地賞
花拍照。

　　但除此之外還有「町營薰衣草園」（町営
ラベンダー園）、「彩香之里」（彩香の里）
等等，也都是欣賞或親手採摘薰衣草的好地
方。

五、富良野車站附近景點

★《來自北國》（北の国から）之旅

交通：搭乘Twinkle Bus富良野號可下車觀光，或在富良野車站前搭乘往麓鄉方向的巴
　　　士，約需40分鐘

　　　　　　暑假時，富良野車站跟美瑛車站一樣都有Twinkle
Bus可以搭。搭乘Twinkle Bus富良野號可以遊覽日本電
視劇《來自北國》中多個實際拍攝的場景地，沿途還可
以去麵包超人商店、果醬工場、麓鄉展望台，還有起司
工廠參觀及試吃。

日劇「來自北國」的攝影現場

搭乘熱氣球是我的願望之一

★ 風之花園（風のガーデン）

交通：搭乘Twinkle Bus富良野號可下車觀光，或從
　　　富良野車站搭乘往新富良野王子飯店方向的巴
　　　士，約需18分鐘

　　許多人不知道，其實在北海道也可以搭乘熱氣球鳥瞰風景喔。在「風之花園」中央的廣大草地上，就是富良野當地其中一個熱氣球體驗會場，不過想體驗熱氣球停留在半空中的感受，可要注意時間限制才行。

　　熱氣球體驗期間：4月29日～5月9日及6月1日～10月9日，時段則分為清晨（6：00～7：20）及傍晚（17：30～19：20）兩個時段，其中傍晚時段只在旺季的7月1日～8月31日期間有開放。熱氣球體驗成人每人需花費2100日圓，十二歲以下兒童1,570日圓，兩歲以下孩童免費。

★ 富良野纜車（富良野ロープウェー）

交通：從富良野車站搭乘往新富良野王子飯店方向的巴
　　　士，約需18分鐘

　　在富良野竟然有免費可以搭乘登山纜車的地方，千萬不要錯過。就在新富良野王子飯店（新富良野プリンスホテル）的富良野纜車，可以搭乘上山欣賞風景，觀賞不一樣的北海道風景。此纜車位在北之峰山頂上，從纜車的山頂站往下可眺望整個富良野盆地的風景。喜歡自然風光的朋友可由此繼續往上進行登山的行程，或者在山頂站附近散步。此登山纜車原是供富良野滑雪場在冬季使用，但為了服務夏秋兩季的觀光客，特地開放觀光使用。而且，富良野纜車特別提供給國外觀光客持護照免費兌換來回纜車券（原價1,800日圓）的服務，在富良野觀光協會以及富良野、美瑛廣域國際觀光中心及Furano Marche內的諮詢中心皆可作兌換。

嚐美食

　　近幾年來，在日本各地都推行著「當地美食」（ご当地グルメ）的企畫，其中由美瑛町所開發出的便是「咖哩烏龍麵」（美瑛カレーうどん），而富良野市所開發的則是「咖哩蛋包飯」（富良野オムカレー），兩者皆為以推廣當地農產品為目的所設計出的料理，也有各自制定出規則，販售的店家必須依循規則去料理當地美食。

　　當然，北海道有名的牛奶相關製品也不容錯過，除此之外，還有其他一些大家比較不知道的特色美食，就讓蘇菲亞來介紹比較值得推薦的店家，這可是在當地生活兩個月後精挑細選的品質保證喔。

一、咖哩烏龍麵

　　首先向各位介紹美瑛的當地美食——咖哩烏龍麵。

　　提供美瑛咖哩烏龍麵的店家每間都有不一樣的特色，共同點則是一定使用美瑛產的小麥「香麥」所製成的烏龍麵，搭配美瑛豬肉和當地新鮮蔬菜，並附上一杯美瑛牛乳，價格被規定在1,000日圓以下。

　　蘇菲亞吃了許多間店的咖哩烏龍麵，依個人的喜好挑選了「不負責任排行前三名」給大家參考。但是畢竟「吃」是件主觀的事，有機會的話大家還是用自己舌頭親自嚐過最準。

美瑛咖哩烏龍麵研究會部落格：http://ameblo.jp/bieicurry

★ 第三名：丘之宿 Koeru（丘の宿 こえる）

地址：北海道上川郡美瑛町大町1-1-7

電話：0166-92-5531

時間：11:00~14:30／17:00~21:00

　　　（定休日：週二、每月第一、三個週一）

網站：http://www.biei-koeru.jp

費用：980日圓

　　這家位在美瑛車站後站的餐廳兼民宿，販售的こえる的咖哩烏龍麵套餐非常好吃，特色就是在咖哩醬中加入了招牌的滷豬肉塊，份量也能吃得滿足。除此之外，它招牌料理其實是「角煮丼」（紅燒肉蓋飯），和「紅燒肉炒飯」（角煮チャーハン），每樣料理都很好吃。

★ 第二名：戀屋（恋や）

地址：北海道上川郡美瑛町榮町1-2-25

電話：0166-92-1007

時間：11:00～14:00／17:00～21:00

　　　（定休日請以電話詢問）

網站：http://ameblo.jp/bieicurry

費用：980日圓

戀屋的咖哩烏龍麵別具特色

　　戀屋因為可以加分的地方太多了，所以名次很難排到後面。1.它離車站最近，就在車站對面。2.北海道最有名的是湯咖哩，美瑛最有名的是咖哩烏龍麵，它把兩者併在一起，是「湯咖哩風」的「咖哩烏龍麵」，食材新鮮，味道也很好。不過這裡的湯咖哩味道稍鹹了一點，所以可以把餐點所附的美瑛牛奶加進咖哩湯裡一起食用。而店家為了顧及某些對牛奶苦手的旅客，特別提供將牛奶更換為咖啡的服務，十分貼心。

Daimaru的咖哩烏龍麵最正宗

★ 第一名：家庭餐廳Daimaru（だいまる）

地址：北海道上川郡美瑛町中町1-7-2

電話：0166-92-3114

時間：11:00～21:00（不定休）

網站：http://ameblo.jp/bieicurry

費用：830日圓

　　蘇菲亞覺得這家店的咖哩烏龍麵最正宗，規規矩矩的咖哩醬，美瑛的新鮮野菜，沒有豬臭味的涮美瑛豬肉，價格也很合理。唯一的缺點便是店內沒有禁菸，討厭煙味的人請做好心理準備。雖然這家比較遠，但夢幻打工期間曾有一組專程來吃咖哩烏龍麵的臺灣旅客來詢問我推薦的店家，我就建議他們去家庭餐廳Daimaru，他們吃完也直說很好吃，帶著滿足的表情離開美瑛。

　　不過，吃美食也是要講究緣分的。像我就為了嚐遍美瑛咖哩烏龍麵而光顧「Soba天」（そば天）至少三次，每次都剛好賣完，而且他們的咖哩烏龍麵是季節限定，最後一次去的時候，竟然已經過了供應期限，那種感覺簡直就像日劇《新參者》裡面，主角一直排隊都買不到鯛魚燒一樣殘念。

　　以上就是Sophia推薦的咖哩烏龍麵排行榜，各位可以根據各店特色挑選自己喜歡的去品嚐，再排出屬於自己的「美瑛咖哩烏龍麵」榜單喔！

二、咖哩蛋包飯

　　前面提到富良野所開發的當地美食是咖哩蛋包飯，當然也是非吃不可。富良野咖哩飯與美瑛咖哩烏龍麵一樣，是爲了推廣當地農產品，例如富良野產的稻米、牛乳等等，所設計出來的料理。蘇菲亞在此僅列舉兩間自己吃過且比較推薦的餐廳給各位參考，更多提供咖哩蛋包飯的店家資料，請上網查詢。

富良野蛋包咖哩飯官方網站：http://furano-omucurry.com

★ Masa屋（まさ屋）

地址：北海道富良野市日出町11-15

電話：0167-23-4464

時間：11:30～15:00／17:00～22:30

網站：http://furanomasaya.com

費用：1,000日圓

　　這家店的特色是鐵板風的咖哩蛋包飯，鐵板現作熱騰騰的滋味很不賴，算是很不一樣的咖哩風味，套餐附沙拉和富良野牛乳。店內清一色以鐵板料理爲主，有大阪燒、日式炒麵等，及使用北海道產的肉類現作的鐵板燒。用餐時可搭配飲用北海道限定的Sapporo Classic生啤酒或富良野葡萄酒。

★ 富良野屋（ふらのや）

地址：北海道富良野市彌生町1-46

電話：0167-23-6969

時間：11:00～22:00（不定休）

網站：http://curry-net.jugem.jp/?eid=1313

費用：1,000日圓

　　這一家餐廳雖然沒有提供咖哩蛋包飯，但因爲也屬咖哩料理的範疇，所以在此一併介紹。

　　這是一家專賣咖哩的店，我去吃過兩次，一次吃湯咖哩（スープカレー），一次吃普通的醬咖哩（ルーカレー），兩種都很好吃，而且份量十足。這裡的咖哩堅持使用道產素材，而咖哩香料則特別選用斯里蘭卡有機品，使得咖哩醬風味醇厚有深度，深受當地人喜愛。最特別的是店內擺了很多漫畫，因此很適合御宅族。

三、拉麵

　　來到北海道，當然不能錯過拉麵。雖然美瑛沒有特別好吃的拉麵店，但在富良野還是有幾家不錯的拉麵店喔。基本上自北海道發源的拉麵可以分為三大類：味噌、醬油和鹽味拉麵等三種。味噌拉麵以札幌為代表，鹽味拉麵以函館為代表，醬油拉麵則是以旭川最為出名。因這裡地理位置與旭川極為接近，所以富良野拉麵的美味亦是不容小覷，不但承襲了旭川拉麵以魚貝類熬煮湯頭的特色，更配以道產食材與手工拉麵讓美味更加倍。對於拉麵迷來說，富良野拉麵實為不可錯過的絕品！

★ 支那虎（しなとら）

地址：北海道富良野市幸町12番6號
電話：0167-23-2129
時間：11:00～20:00（定休日：週一）
費用：約999日圓

　　支那虎是蘇菲亞個人的最愛。他們的拉麵上有煎得焦香脆的叉燒肉，連我這種平常不愛吃叉燒肉的人都吃得很開心。順道一提，「支那虎」也是日本女藝人黑木美紗在電視上推薦過的店家。

支那虎的味噌拉麵

★ 富川製麵所（富川製麵所）

地址：北海道富良野市日出町12-22
電話：0167-23-1965
時間：平日11:00～15:00／17:00～20:00
　　　週末假日11:00～20:00
　　　（定休日：週二，如遇假日照常營業）
網站：http://www.furanotomikawa.com
費用：999日圓起

　　富川製麵所的最新推薦口味是「黑味噌拉麵」，使用100%道產大豆製造的味噌，在濃郁的味噌湯頭中，加入了特製焦黑色的蒜香油，口味更有層次，是吃了以後可以由心暖到身體的一道拉麵。

★ 北海道拉麵豬肉soba屋 富良野店
（北海道拉麵豚そばや 富良野店）

地址：北海道富良野市幸町2-16

電話：0166-22-0898

時間：11:00～15:00／17:00～5:00（無休）

費用：約999日圓

　　這家店的特色就在於使用100%道產豬骨熬製成香而無臭的白色湯頭，拉麵上鋪灑的香蔥，也比較沒有一般青蔥特有的氣味，整體味道搭配得宜。

四、牛奶與霜淇淋

　　來過北海道和沒來過北海道的朋友一定都知道，北海道的牛奶非常有名，原因是北海道的牛乳產量是日本全國第一，道內就有許多酪農與農場，因此在當地自然可以喝到最新鮮、品質最好的牛乳。而且，像是在美瑛吃的咖哩烏龍麵所附的美瑛牛乳，在休息站「丘之倉」（丘のくら）和農協超市也可購買到1000ml的紙盒裝，價格約在198日圓上下，取得也相當容易。

　　牛奶好喝，當然所製作出來的霜淇淋也很好吃！因為這裡各地都有新鮮生產的牛奶，而且每個地方牛奶的香味和其濃郁的程度都各有不同，所以做出來的霜淇淋自然也有不同的濃純香味道。

　　例如，蘇菲亞就吃過「四季彩之丘」的南瓜口味霜淇淋、「富田農場」的薰衣草霜淇淋和「Lavender East」限定的薰衣草白巧克力霜淇淋，還有「新榮之丘」邊緣淋上草莓糖漿的霜淇淋……就和北海道牛奶一樣，每間店的霜淇淋都各具特色，都非常好吃。總之，來北海道旅行的朋友也不需要拘泥於特定的地點，看到霜淇淋，想吃的時候，吃就對了！

美瑛牛乳網站：http://www.hoshomilk.co.jp/pickup_1.html

泡溫泉

　　除了美景與美食之外，許多人到北海道，都會憧憬可以在看得到大自然的地方泡溫泉，尤其是夜晚的星空。因此，也是一定要體驗的經驗。

　　在北海道，多數的觀光景點都找得到地方泡溫泉，像美瑛往十勝岳方向的白金溫泉區就有約七處地點可泡湯，是知名的泡溫泉地點。不過，其實在美瑛與富良野的鄉鎮市區內就有可以泡溫泉的地方喔，不用大老遠去其他地方，非常方便。

★ Furanui溫泉（フラヌイ溫泉）

地址：北海道空知郡上富良野町新町4丁目4-25

電話：0166-45-9779

網站：http://www.furanui.com/spa/index.html

　　位於上富良野的Furanui溫泉是含碳酸的泉水，溫泉還有不加熱的低溫池，夏天去泡既消暑又舒服，且源泉中豐富的碳酸氣泡會附著在皮膚上，對肌膚保養也很有功效。

東乃湯

★ Furano La Terre（ふらのラテール）

地址：北海道空知郡中富良野町東1線北18號

電話：0167-39-3100

網站：http://www.f-laterre.com

　　而在中富良野的Furano La Terre，則是可以看得到星空的溫泉飯店喔！這裡的天然溫泉名為「万華乃湯（萬花之湯）」，入浴費用成人每人980日圓，兒童500日圓。除了天然溫泉，共有十五種類的浴池是這裡最大的特色，其中最特別的是擁有絕佳景觀的露天泡湯池，闔家大小皆可在此共享泡湯樂趣。

★ Highland Furano（ハイランドふらの）

地址：北海道富良野市島下

電話：0167-22-5700

網站：http://highland-furano.jp

　　這家位在富良野的溫泉非常特別，主要訴求是能夠同時享受森林浴與露天溫泉雙重樂趣，夏季還可以看得到薰衣草田。有洋風浴場與和風浴場每日交替作爲男女湯，泉質屬於無色透明且無臭的單純硫磺礦泉。一般時段入浴費用成人每人500日圓，中學生爲400日圓，小學生250日圓。

玩祭典

　　在北海道，夏天的一大重頭戲便是祭典與花火，從7月下旬開始就有一連串的祭典活動，因此美瑛、富良野一帶到了夏季，不但白天有花朵綻放繽紛，連夜晚也非常熱鬧。

★ 那智・美瑛火祭

時間：7月24日

　　首先由美瑛的那智・美瑛火祭開始。每年在最炎熱的7月下旬，自十勝岳點燃的火在大家的合作下一路傳遞至美瑛神社。主要目的是祈求一整年的平安與順遂。實際觀看整個火祭的過程令人十分震撼，是參觀其他祭典所不會有的感受，也是火祭本身最特別之處。

★ 四季彩祭典（花と炎の四季彩祭り）

時間：7月下旬

　　火祭之後是上富良野町的四季彩祭典。主要活動有十勝岳安全祈願祭、花燈大遊行和花火大會，並且從中午前開始就有一連串的歌謠及舞台表演作爲暖場，滿滿一整天的活動行程，讓整個上富良野日出公園擠得水洩不通。

夏天就是要看花火

★ 薰衣草祭（ラベンダーまつり）

時間 每年7月

　　中富良野的薰衣草祭，其實是爲期一整個月的活動，而在活動的最後一天會有花火大會作爲結尾，花火大會地點在町營薰衣草園，施放的花火數約1300發，是美瑛、富良野一帶最爲盛大的花火大會。

★ 北海肚臍祭（北海へそ祭り）

時間 7月28～29日

　　肚臍祭是位在北海道中心標的富良野市每年最重要也最盛大的祭典。參與祭典的男性會在肚皮上彩繪出人臉的圖案，女性則穿著浴衣居多，工商機構或民間團體可組成隊伍報名，以跳肚臍舞的方式慶祝祭典，第一名可得到1,000,000萬日圓獎金。

★ 花火大會

時間：約每年7月中下旬～8月上旬

其實在美瑛、富良野看到的花火大會都還算是小格局。蘇菲亞在夢幻打工期間所看到印象最深刻也最精彩的一場花火大會，是在「旭川夏季祭典」（旭川夏まつり）系列活動中的「道新納涼花火大會」，地點在旭川市石狩川河畔的旭橋到新橋之間。

據說施放的花火數共約兩千發，而且還有很多特殊設計的花火樣式，例如西瓜、香菇、向日葵、愛心等等，別出心裁又具有當地特色。花火大會到了結尾總是會施放得特別猛烈與燦爛，看完旭川的花火大會蘇菲亞感動得差點沒落下眼淚，只好跟著眾人用不斷的掌聲來回應煙火的絕美。

北國的夏天，結束得很絢麗。

蘇菲亞說要check！

除了夏季，北海道一年四季都有祭典，蘇菲亞簡單整理重要的祭典出來，大家可以把它規畫到旅遊行程裡喔。

北海道祭典一覽表

1～2月：札幌雪祭、旭川冬祭、函館冬季節

4月：洞爺湖花火大會

5月：北海道大神宮祭、登別溫泉賞花天國、松前櫻花祭、白老牛肉祭

6月：阿寒湖上花火大會、洞爺湖湖水祭、札幌消算節、富良野北海俑祭

7月：札幌夏祭、小樽潮節、石狩川河畔花火大會、賴棚町漁火祭

8月：昭和新山火祭、登別地獄祭、庫特拉湖燈籠漂流

9月：十勝岳紅葉祭、上士幌氣球節、登別紅葉祭

10月：網走收穫祭、支笏湖紅葉祭

11月：札幌銀白燈飾、釧路冬祭

丘陵之鄉·美瑛怎麼玩？

說到北海道，蘇菲亞最熟的當然是工作地美瑛。丘陵地形是美瑛最著名的特色，如果是在夏季來這裡旅遊，你可以租車、騎自行車、乘坐觀光巴士或計程車遊覽，也可以善用雙腳在美瑛市街上走走，尋找別具小鎮風情的美食與美景。接下來，就更仔細地介紹這裡可以怎麼玩。

來到美瑛，首先第一件事就是拿一份觀光地圖。美瑛町觀光地圖在「四季の情報館」（觀光協會）、休息站「丘のくら」，或 JR美瑛車站的「駅レンタカー」（租車中心）都可以取得。

這份地圖有日文、繁體中文、簡體中文、英文、韓文等多種不同語言的版本。至於地圖上究竟有哪些資訊，以下就讓蘇菲亞來為大家指點迷津一下。

這份地圖的正面，列出了幾種不同的旅遊路線可供參考。美瑛丘陵上的重要景點也有標記汽車GPS用的MAP CODE，方便開車的旅客使用，非常貼心。而最有名的景點：七星之樹、哲學之樹等等樹的名字的由來也都在正面寫得很清楚。地圖正面的最下方則列有美瑛町觀光協會、休息站「丘のくら」和美瑛町政府的聯絡電話和地址等資料。

地圖的背面則是富良野•美瑛的廣域地圖、當地路標的使用說明及旭川機場接駁巴士的時刻表和路線圖，最下方還有用圖畫標示出十勝岳連峰的山岳名。

將地圖翻開，裡面是美瑛市街地圖，車站附近所有的觀光設施、商店、加油站、郵局、銀行、餐廳等等，包括觀光客詢問度最高的「北工房」、「美瑛選果」，甚至連車站周圍建築物外壁上標的午份是代表商店的創業年份這些都寫得很清楚。另外，還以表格列出了警察局、醫院和計程車行的聯絡電話，以及往白金溫泉方向的巴士時刻表等，可說是食衣住行育樂一應俱全。只要仔細看清楚地圖上標示的記號，就可以輕鬆找到任何你想要找的。

然後，把這張折成四等分的地圖整個攤開，就可以看到裡面畫著更大的地圖。有了它，就可以找到丘陵上面（包含白金溫泉區）所有重要景點和民宿、餐廳的位置了。當利用步行、自行車或開車的方式觀光時，會帶來非常大的幫助喔！

不過，地圖還是有它的時效性，有些新增加的店家和景點，或是已歇業的店家和民宿，不見得都能及時印製在這份地圖上，因此在出國前最好再確認，旅行時就會更加便利。

美瑛町觀光地圖：http://www.biei-hokkaido.jp/map/index.html

薰衣草花期短,想
親眼見到滿開的盛
況可要挑對時間

　　有了地圖後，接下來就準備上路了，以下就來介紹可以玩美瑛的各種方式，大家可以依自己的需要挑選。

一、來美瑛請搭Twinkle Bus

　　對第一次來美瑛的旅客來說，最適合的觀光的交通手段便是搭乘Twinkle Bus，因為美瑛是丘陵地形的關係，上坡下坡起伏不斷，體力好的旅客遇到好天氣還可以騎騎自行車，但若是平常很少運動或不會騎自行車的朋友，想要在一天之內看遍所有美瑛丘陵上的著名景點，蘇菲亞認為最省時、省力又省錢的方式當然是利用觀光巴士。

　　美瑛的Twinkle Bus共分為以下幾條路線：

★ 美瑛號 丘陵路線

營運期間：約自6月7日～8月31日每日
　　　　　營運；9月6日～10月31日
　　　　　則只有週六、日和國定假
　　　　　日營運
票價：500日圓（兒童半價）
行程所需時間：約55分

★ 美瑛號 拓真館路線

營運期間：約自6月7日～8月 31日每日
　　　　　營運；9月6日～10月31則
　　　　　只有週六、日和國定假日
　　　　　營運
票價：500日圓（兒童半價）
行程所需時間：約1小時30分

★ 美瑛號 藝術之旅路線

營運期間：約自9月6日～10月31日的
　　　　　週六、日和國定假日營運
票價：1,500日圓（兒童半價）
行程所需時間：約1小時55分

★ 美瑛薰衣草號

營運期間：約自7月3日～8月15日，每
　　　　　日營運
票價：1,000日圓（兒童半價）
行程所需時間：約2小時20分

※發車時刻與實際運行狀況，依JR北海道公佈資訊為準

　　Twinkle Bus可透過JR北海道各主要車站的綠窗口（みどりの窓口）、旅行中心（ツインクルプラザ）、JR北海道旅行中心（JR北海道プラザ）、北海道內主要旅行社事前預約座位，也可當天購票，但7、8月旺季則不保證一定有座位，最好提早預約。

　　在蘇菲亞夢幻打工的夏季期間，主要運行的是丘陵路線和拓真館路線，7月開始增加一班開往富良野的薰衣草號，而藝術之旅路線則是在秋季運行。

　　搭乘「丘陵路線」可欣賞到Ken&Mary之樹、七星之樹、親子之樹和北西之丘展望臺等美瑛知名的景點，其中七星之樹和北西之丘各可下車觀光約十分。

　　「拓真館路線」顧名思義，其中最主要的景點便是「拓真館」，也就是知名攝影家前田真三的寫真館。其建築物是由舊千代田小學改建而成，館內展示著許多前田真三在美瑛拍攝的珍貴攝影作品，也有紀念品和攝影集的販賣，因此裡裡外外都很值得一看。

　　拓真館路線上另一個可下車觀光的景點是四季彩之丘，這裡的花田會隨季節更換種植不同的花卉，7月下旬到8月初更是一片花團錦簇的盛況，蘇菲亞強烈建議喜歡花花草草的旅客到此一遊，絕對會給你與中富良野的薰衣草田完全不同的感動。而新榮之丘和美馬牛小學，也可以在拓真館路線的Twinkle Bus上透過車窗欣賞到。

而在秋季運行的「藝術之旅路線」，途中會先經過深山峠，然後會在後藤純男美術館停留約三十五分，隨後到拓真館下車觀光約二十五分，是名符其實的藝術之旅。

　　以上三條路線的Twinkle Bus都是從美瑛車站出發，行程結束後皆會原車回到美瑛車站。

　　而「美瑛薰衣草號」則是經由雲霄飛車之路，到新富田農場，同時也是目前全日本最大的薰衣草田——「Lavender East」停留約二十分後，再開往位於富良野的葡萄酒工場，下車參觀約半小時，最後回到富良野車站。

　　某幾條路線的Twinkle Bus還會在行程中發送折價券、明信片等小禮物，也算是增添旅途中的一點小驚喜，而且以500日圓到1,500日圓不等的票價來說，搭乘Twinkle Bus真的很划算，建議各位多加利用。

　　搭過一次觀光巴士，熟悉了各景點的地理位置以後，如果發現其中有哪個特別喜歡的景點，想多花點時間看看或是拍照留念，就可以再用搭火車加步行、租車，或搭計程車等方式進行深度探訪囉！因爲Twinkle Bus所需時間都不長，所以也不失是個拿來篩選景點的方式。

搭觀光巴士遊美
瑛可以省去不少
麻煩

下雨天搭巴士觀光不怕被雨淋濕

二、租車兜風自由行

　　平常習慣開車和自助旅行的朋友，一定對於團體旅遊或是觀光巴士下車觀光有時間限制這一點很受不了，而有的人則帶著一家老小出來玩，騎自行車也不太合適，這時候利用租車的方式遊美瑛就是最聰明的選擇了。

　　臺灣的朋友如果要在日本租車，不管是汽車或摩托車，都必須向臺灣的監理處申請駕照的日文譯本，只要攜帶駕照正本及身分證正本，至各公路監理單位申請即可（可越區申請），每份規費為100元。

　　在日本國內可申請臺灣駕照日文譯本的地點，則有①臺北駐日經濟文化代表處、橫濱分處、那霸分處②臺北駐大阪經濟文化辦事處、福岡分處③社團法人日本自動車聯盟，其中社團法人日本自動車聯盟於各都道府縣之聯盟事務所皆設有受理窗口，每份費用為3,000日圓。

　　JR北海道在道內許多車站都設有租車中心，稱為「駅レンタカー」（Eki Rent-a-car），而美瑛車站的租車中心，就在站長休息室裡面，所以非常好找。

　　一般來說，只有冬季比較不建議在北海道租車旅遊，至於夏季開車倒是非常方便。只不過因為日本是右駕，加上外國旅客多半對當地路況不熟悉，所以如果要租車遊美瑛，請切記務必要小心安全，並且在租車的時候，一定要聽清楚服務人員的說明，確定沒有問題才離開。

　　以JR的租車中心為例，租車時間自六小時起至數日皆可租用，租金依車種及租用時間長短而不同，最小型的K class車款租用六小時約為4,720日圓，上網預約或與JR車票並用則另有優惠，可以多加利用。另外也有A地租車B地還車的服務，相當方便。

租車中心的全車款皆備有GPS設備，出發前租車中心的服務人員會教使用者設定方法，通常輸入地名、MAP CODE或電話號碼就可以搜尋到想去的地點，十分便利。但是車站租車中心的GPS系統是以日文顯示與發音，因此，對於完全不懂日文的朋友來說可能會有使用上的困難，若有此一顧慮也可考慮JR以外的租車中心，例如，TOYOTA租車中心，就會提供英語服務的GPS。

此外還有一點需注意，按照日本國內法律規定，攜帶六歲以下兒童租用汽車時，須強制使用兒童安全座椅。如不使用，則租車中心有權拒絕顧客租車，而且必須事先預約，同時座椅的費用另計。

車站租車中心的服務人員多半都會說簡單的英文，因此在溝通上應該不會有太大的問題，而每年夏季，在美瑛和富良野車站還會有像蘇菲亞這樣的中文口譯員坐鎮，所以講中文、英文或是臺語都會通啦！

還有一點要特別說明，還車之前，必須先將油箱加滿油，這是規定喔。所以服務人員會在出發前，就事先在地圖上標示出還車地點附近的加油站位置，這時旅客如果對其他設施有疑問也可以一併提出來詢問。

除了汽車，也有租摩托車的服務，在某些租用自行車的店家有提供這樣的服務。

相關網站

JR車站租車：http://www.ekiren.co.jp

TOYOTA租車：http://rent.toyota.co.jp/top.asp

日本自動車聯盟：http://www.jaf.or.jp

四季の情報館（觀光協會）

三、觀光計程車超舒適

遊美瑛，除了以上方法外，還有另一種交通方式可選擇，那就是搭觀光計程車。

走出美瑛車站就會看到有計程車在門口排班，美瑛的計程車行有「美瑛ハイヤー」和「美瑛大雪ハイヤー」兩家，短程是跳表計費，長程費用是以時間計算，公定價是一小時5,400日圓，因此不用擔心被亂喊價。而如果只去特定的地點，可以再跟司機詢問價錢。如有需要，計程車行也備有類似九人巴的大型觀光計程車，價格另計。

★ 美瑛ハイヤー

聯絡電話：0166-92-1181
地址：美瑛町本町1丁目4-25

★ 美瑛大雪ハイヤー

聯絡電話：0166-92-1730
地址：美瑛町本町1丁目4-25

不過，因為美瑛是個小鎮，計程車司機多半不會講英文，如果想包計程車又不知道該怎麼與司機溝通的話，可以到美瑛町觀光協會「四季の情報館」去詢問，那裡有會說英文的服務人員或義工可以幫忙。

此外，在美瑛町觀光協會的官方網頁上也可以找到上列所有遊美瑛的交通方式的詳細資訊，包含出租自行車的店家資料、觀光計程車的聯絡電話、租車中心及Twinkle Bus的聯絡電話和網頁等，歡迎各位上網查詢。

美瑛町觀光協會：http://www.biei-hokkaido.jp/mawarikata/index.html

搭火車遊北海道

在〈訂票請按照規矩來〉文章中，蘇菲亞已經簡單向大家介紹過JR PASS，這是一種只限於外國旅客（購買時須出示護照）使用的鐵路周遊券，可以用於搭乘日本全國鐵路，當然也可在北海道使用。

而針對只在北海道內旅行的觀光客，JR北海道也有推出其他優惠票券可供選擇，其中比較具有代表性的有以下三種：

一、北海道鐵路周遊券（Hokkaido Rail Pass／北海道レールパス）

這是為來北海道的外國旅行者準備的，可在JR北海道全線自由搭乘的車票。是以日本入國管理法規定的「短期滯在」（十五天或九十天）身分入境，並護照上有各國政府「短期滯在」入境許可印的旅行者為對象。此車票除持有人以外，其他人不能利用。

· 購買方法

在日本以外的國家事前預約： 出發前在各國JR的指定販賣店或其代理店購買兌換券，到日本後，則可在JR札幌站西口、新千歲機場站的JR北海道旅行指南所，網走站，或札幌、旭川、函館、釧路、帶廣、網走各個JR旅行中心 (Twinkle Plaza) 兌換乘車券。

在日本國內購買： 在札幌、旭川、函館、釧路、帶廣、網走各個JR旅行中心 (Twinkle Plaza) 或JR札幌站西口、新千歲機場站的JR北海道旅行指南所，網走站，或成田機場站與機場第二大樓站的JR東日本旅行服務中心也可購買到乘車券。

※JR東日本旅行服務中心的營業時間（9:30～19:00）以外，在成田機場站與機場第二大樓站的服務窗口進行受理

※JR東日本旅行服務中心不販賣任選四日暢遊券

· 種類及費用

【三日用】普通車用15,000日圓、特等車用21,500日圓
【任選四日暢遊券】普通車用19,500日圓、特等車用27,000日圓
【五日用】普通車用19,500日圓、特等車用27,000日圓

※未滿6-12歲：半價

· 使用範圍

① 可利用 JR北海道鐵路全線以及 JR 北海道巴士（札幌～旭川間、札幌～紋別間、札幌～帶廣間、札幌～Kiroro間、 札幌～襟裳・廣尾間及不定期路線除外）

② 普通車用：可使用特急、急行的普通車指定席
※乘坐特等車、寢台（臥鋪）車時，需要另外支付特急費、寢台費

③ 特等車用：可使用特急的特等車
※乘坐寢台車時，需要另外支付特急費、寢台費

· 有效期限

【三日用、五日用】

在兌換券發行之日起的三個月內兌換乘車券，並在兌換後當日算起的一個月內任意指定開始利用的日期。但請注意，開始利用日期一旦確定後不能更改。如果是乘坐夜車，而兩站間行駛時間剛好超過有效期限的話，有效期限則順延到次日。

【任選四日暢遊券】

此票券於兌換日（含發售日）起十天內，可任選四天自由搭乘列車。如搭乘在列車上過夜的夜行列車，在列車行駛中票券的有效期限到期時，只要中途不下車，仍可繼續乘車到該班列車的終點站爲止。

· 退費

【三日用、五日用】

自兌換券發行一年以內且在鐵路周遊券使用開始日以前，只需支付乘車券的日本銷售費用的10%作爲手續費後，即可在各販賣場所辦理退費 。但請注意，由於列車停駛、延遲等原因時，皆無法退費。若乘車券遺失、遭竊，無法再次補發票券。

【任選四日暢遊券】

退換的情形只限於使用日開始前的票券，只需支付乘車券的日本銷售費用的10%作爲手續費後，即可在各販賣場所辦理退費 。但請注意，由於列車停駛、延遲等原因時，皆無法退費。若乘車券遺失、遭竊，無法再次補發票券。

二、北海道自由乘車券（Hokkaido Free Pass／北海道フリーパス）

北海道自由乘車券可以在七天之間自由搭乘JR北海道線的特急、急行普通車自由席、海峽線（木古內～中小國間），及JR北海道巴士（一部分路線不能使用）。可使用普通車指定席最多六次，限持有者才能使用。

· **購買地點**

① JR北海道的主要車站

② JR旅行中心（Twinkle Plaza）

③ JR北海道Plaza及北海道內的主要旅行公司

④ 東京、大阪、仙台的JR北海道各營業所

⑤ JR東日本的各主要車站綠窗口（みどりの
　窗口）及旅行公司

⑥ JR四國的各主要車站綠窗口（みどりの窗口）及旅行公司

⑦ JR九州的各主要車站綠窗口（みどりの窗口）及旅行公司

　　※JR東海、JR西日本沒有販售

· **種類及費用**

只發行普通車用25,500日圓

· **使用範圍：**

可以利用特急、急行的普通車指定席最多六次。

※搭乘特等車或B寢台（臥鋪）車時，需要另付特等票、特等席票、寢台票等。搭乘 Home liner
　時，需另付乘車整理券費用。

※請注意，以下的列車無法利用：

1.急行「Hamanasu」寢台車

2.Cassiopeia、Hokutosei、Twilight Express、Elm等由本州方面來的直達寢台特急

3.札幌～旭川、帶廣、紋別、襟裳、廣尾間的都市間、臨時巴士路線及Kiroro渡假中心巴士線

4.使用列車的指定席，請在乘車前到「JR售票處綠窗口」畫位，如沒有指定席票時，請利用普通車
　自由席。指定席票亦可在「北海道自由乘車券」的販賣處另外購買

※JR東海、JR西日本的售票處無法發行指定席票

· **有效期限**

　　購買日起七天之間。但每年的新年、黃金週及日本的中元節（お盆）期間無法利
用，詳細日期以JR北海道網站公布爲準。無法利用的天數亦不能順延其有效期間。

· **退費**

　　只有在有效期限內開始使用前，才可至販賣處辦理退費手續（手續費需另付）。
開始使用後，即使是火車停駛或誤點，也不得辦理退費。若乘車券遺失或被遭竊，亦
無法重新補發。

三、札幌～小樽Welcome Pass（Sapporo-Otaru Welcom Pass）

以外國旅行者爲對象，可以在一天內自由乘坐札幌～小樽間的JR，和札幌市內地下鐵全線的特別企畫乘車券。

・**購買地點**

　① JR北海道旅行指南所：JR札幌站西口及新千歲機場站
　② JR旅行中心（Twinkle Plaza）：札幌支店（JR札幌站）
　③ JR旅行中心（Twinkle Plaza）：南口支店（札幌STELLAR PLACE 1F）

※ 購買時請攜帶護照以作確認

・**種類及費用**

　1,500日圓。

　JR券和地下鐵乘車券以套裝乘車券交給旅客。套裝乘車券裡除了使用介紹，還附有小樽市街地圖，方便在小樽觀光。

・**使用範圍**

　札幌市內～小樽之間的JR及札幌市營地下鐵全線。

・**有效期限**

　購買當日的一整天。

JR北海道票券網站：http://www2.jrhokkaido.co.jp/global/chinese/railpass/index.html
　　　　　　　　　http://www.jrhokkaido.co.jp/network/kipp/d_4.html

一張北海道Free Pass完成溫泉、美食、地啤酒之旅

北海道除了美景有名，其實這裡的溫泉、美食與地啤酒也都是大有來頭。因此，蘇菲亞當夢幻打工結束後，便選擇利用北海道自由乘車券（Hokkaido Free Pass／北海道フリーパス）做了一趟以此三大主題爲主的旅行。

前面介紹過，因爲此票卷只能只用七天，所以如何將它發揮最大最大效用，就要考驗功力了。而且七天也是一般上班族可以出國旅遊的時間天數，因此剛好提供給大家到北海道旅遊時的參考。

不過，因爲有許多知名景點蘇菲亞已經去過，所以這次的旅行就沒有特地再造訪，因此大家可以參考每天行程下方列出的「其他建議景點」資訊，自己彈性調整爲最適合自己步調的行程喔，玩得開心才是最重要的事。

以下是蘇菲亞的「北海道Free Pass之旅」行程表：

☺ Day1 東川町

☺ Day2 釧路濕原、川湯溫泉

☺ Day3 網走

☺ Day4 大沼、札幌

☺ Day5 蘭島、小樽、札幌、旭川

☺ Day6 富良野、美瑛

☺ Day7 富良野、美瑛

這趟旅程很幸運的一路上都是好天氣

Day 1 東川町（ひがしかわちょう）

　　前往東川町必須從旭川搭巴士前往，乘車地點就在旭川車站右前方步行約三至五分處，往旭川動物園方向的巴士也在同一個地點。

　　從旭川搭「60番東川線」到「巴士底站西2號」即可到達，成人單程票價為560日圓，兒童半價，使用北海道Free Pass仍需付費。

　　東川町位於北海道上川郡，由於具有美麗的田園風景，因此自1985年起每年夏天固定舉辦「東川町國際攝影節」而從此成為「攝影之町」，是個清靜的小鎮。附近著名的景點有旭岳溫泉、天人峽溫泉，每年夏季和適合欣賞紅葉的秋季都有大量觀光客湧入，也因此吸引許多愛好攝影的朋友前往此地探訪。

　　除了攝影，東川町在設計方面也挺有名氣，於是我特地參觀了「北方房屋設計公司」（北の住まい設計社）參觀，這裡擺放著許多來自北歐的設計商品與傢飾品販售，逛著逛著不禁讓人幻想起，如果有一天能在北海道生活那會是多麼美好的一件事，這家設計公司同時也附設有Café，可以在裡面喝下午茶休息。

　　除了美景，東川町當地最有名的美食就是「蝦夷拉麵」（えぞラーメン），主要有醬油、味噌和鹽味野菜等三種口味，也有其他獨創口味可供選擇。這裡的拉麵不但很大碗，而且價錢還比富良野、美瑛等其他觀光景點便宜，只要780日圓而已，因此每到了用餐時間店內時常座無虛席。

　　用餐過後，繼續往旭岳方向前進，首先到東川町的名水——大雪旭岳源水去裝山泉水，我用手邊的礦泉水瓶裝了一瓶，不過北海道當地人可都是開車來一桶一桶載回家呢，可見名氣之大。前往旭岳的途中會經過天人峽隧道，可以欣賞到天然的瀑布景觀。最後我選擇在大雪遊水公園看夕陽西下的美景。

　　在涼爽的天氣裡，結束了輕鬆愉快的東川町一日遊。

東川町其他建議景點：旭岳纜車、層雲峽溫泉
東川町當地交通建議：租車、搭巴士
東川町觀光網站：http://town.higashikawa.hokkaido.jp/access

東川町名水「大雪旭岳源水」

Day2　釧路濕原（くしろ湿原）、川湯溫泉（かわゆ温泉）

如果是從富良野車站出發要到釧路濕原的話，就必須在帶廣車站換車到釧路車站，再改搭「釧路濕原慢車號」（ノロッコ号／Norokko Train）才行。

上了車以後，蘇菲亞發現這天搭車的旅客並不多，自由席幾乎全是空的，所以愛坐哪就坐哪，簡直就像是我包下了整個車廂。

釧路濕原慢車號跟富良野•美瑛慢車號一樣，可以在車上拿到乘車證明書，另外，服務人員還會拿特製的相片框出來，幫大家拍攝乘車紀念照，還挺有趣的。除此之外，在車站提供的釧路濕原DM上面，還有以地圖標明幾個在列車行經路上會經過且值得注意的景點。可以拿著DM一邊對照窗外的風景，乘車的過程一點也不會無聊。

釧路濕原顧名思義，是一處擁有特殊濕原美景的地方。位於北海道東部的釧路市北方，是日本第一個在拉姆薩爾條約（有關水禽聲息地的國際條約）上登記的溼地。總面積一百八十三平方公里，十分遼闊。這裡棲息著北海道鹿（蝦夷鹿）、白尾雕等兩千種動植物，是日本最大的濕原。冬季還會有被列為「特別天然紀念物」的丹頂鶴光臨此地。

在釧路濕原站下車，首先映入眼簾的便是釧路濕原車站那富有自然風味的木造建築，而車站的周圍全被綠色的樹木環繞。

按照車站旁的地圖路線，步行約十分鐘便可到達「細岡展望台」，從此處可以看到一路蜿蜒的釧路川，並可眺望整個釧路濕原。

濕原的風景美得不可思議，是我在任何其他地方都不曾看過的自然景觀，對這般美景著迷的我忍不住在此停留了很久，捨不得離去。

等滿足地觀賞完美景後，我才甘心地坐上下一班普通車，前往川湯溫泉。

川湯溫泉是北海道有名的溫泉勝地，因為這裡有著珍貴的100%天然湧出源泉，泉質屬於酸性硫化氫泉與酸性硫磺泉，對關節炎、糖尿病、神經痛及皮膚病有療效，同時還有一間著名的川湯相撲紀念館可以參觀。

一出川湯溫泉車站，就有免費的足湯可以泡，但如果要到主要的溫泉街便要再搭乘站前的阿寒巴士前往。在溫泉街上也有其他免費足湯，還有多家溫泉旅館、土產店、飲食店等等，溫泉勝地之姿顯而易見。

美得不可思議的釧路濕原

完全沒有事先計畫的我，拿了一份溫泉街的地圖，隨興地亂晃了起來，沿路看看土產店，順道也開始尋找當晚要投宿的旅館。

　　因為這裡為泡湯名地，所以我決定先挑一間高級一點的的溫泉旅館泡泡湯再說，雀屏中選的是「忍冬」，不住宿只要泡湯的費用是800日圓。

　　忍冬的露天溫泉池是用石頭搭的，池子不大，角落有一盞日式的夜燈，亮著溫暖的黃色光線。

　　晚上則投宿在一間隨意找到名叫「KKRかわゆ」的小旅館，單人洋室只要大約3000日圓左右，而且也有附設露天溫泉，價錢非常合理。

　　一夜好眠之後，我隔天一早起來的第一件事，便是去泡KKR的露天溫泉，他們的露天溫泉池做得像是個大木桶，座落的位置恰巧有著充足的光線，清晨泡個露天湯，精神也為之一振。

　　之後，我搭上第一班開往川湯溫泉車站的巴士，繼續前往新的目的地。

釧路濕原其他建議景點：釧路川獨木舟體驗、岩保木水門、塘路湖、茅沼車站
釧路濕原當地交通建議：搭乘釧網線列車，沿線會經過釧路濕原國立公園、阿寒國立公園、知床國立
　　　　　　　　　　　公園等觀光區，下車後可再以步行或搭巴士的方式前往景點
釧路濕原觀光網站：http://city.hokkai.or.jp/~kkr946

川湯其他建議景點：摩周湖、屈斜路湖、硫磺山
川湯當地交通建議：在川湯溫泉車站搭乘阿寒巴士前往川湯溫泉區，再以步行方式遊覽
川湯觀光網站：http://www.kawayuonsen.com

其他相關網站
KKRかわゆ：http://www.kkrkawayu.com
忍冬：http://www.kawayu.co.jp

川湯神社

Day3 網走（あばしり）

　　在車站工作的期間，蘇菲亞從許多旅遊資訊上發現，北海道各地都有許多當地釀造的地啤酒，而且都很有特色，所以就也同時把「地啤酒」這一項也列入我的旅遊主題中了。

　　其中網走啤酒公司開發的酒類口味與顏色都很多樣化，因此成為我的首選。例如，彩色發泡酒中有象徵冬季藍色的流冰生啤酒（流氷DRAFT）、象徵夏季粉紅色的薫香玫瑰生啤酒（はまなすDRAFT）、象徵春季綠色的知床DRAFT和象徵秋季淡紫色的馬鈴薯花生啤酒（じゃがDRAFT），啤酒則有傳統口味的Pilsener（ピルスナー），和苦味較少、適合女性口味的白啤酒（ヴァイツエン）……口味眾多。

　　而在網走車站附近，還有一間「YAKINIKU網走啤酒館」，可以邊吃燒肉邊品嚐啤酒。不過網走啤酒館是夜晚才開始營業，因此想要到訪的朋友要多注意喔。

　　到網走也不能錯過特產的「蟹肉飯」（かにめし），因為這裡鄰近鄂霍次克海，海鮮自然就很有名，建議大家可以在車站月臺上買來當餐點！

網走其他建議景點或周邊景點：網走港流冰觀光破冰船、網走湖、能取湖、濤沸湖
網走當地交通建議：租車或搭乘觀光巴士
網走觀光網站：http://www.abakanko.jp/event.html

網走地啤酒館

地址：北海道網走市南2條西4丁目1-2
電話：0152-41-0008
營業時間：週日～週四 17:00～23:00／週五、週六、例假日前 17:00～24:00
交通資訊：從網走車站步行約7分鐘，從網走巴士總站步行約3分鐘
網站：http://www.takahasi.co.jp/beer

外觀漂亮的網走啤酒館

網走著名的蟹肉飯

Day4 大沼（おおぬま）、札幌（さっぽろ）

2009年到北海道自助旅行的時候，曾去過一次大沼公園，當時還對酒沒什麼研究和興趣，這次定了地啤酒之旅這個主題，搜尋了相關資料後，才發現原來大沼也有地啤酒，而且就在大沼公園附近而已，名爲大沼啤酒館（ブロイハウス大沼）。

抵達大沼公園時，已經是中午十二點多，剛好可以去啤酒館吃午餐。

啤酒館的外觀就像是個小型的工廠，走進館內一邊是長長的吧台，另一邊設有木頭方桌的四人座位，共可容納五十人，吧台前透過玻璃帷幕可以清楚看見大沼啤酒的製作過程，同時也可以品嚐到各種口味最新鮮的大沼啤酒。

我點了一杯アルト（Altbier）配德國香腸拼盤細細品嚐，結帳的時候，又外帶了一個鐵罐裝的India Pale Ale（インディア・ペールエール），然後去大沼公園散步。

大沼公園是南北海道唯一的國立公園，距離函館三十公里，由大沼、小沼、蓴菜（一種水生植物）沼及駒之岳所構成，爲新日本三景之一，公園內保留了不少原始自然景觀，因而被列爲特別保護區。

重遊舊地的心情不太一樣，走在森林中的小境，思考著自己的過去、現在、未來，不知不覺時間很快就過了。

離開大沼之前，也別忘了在車站前的「沼之家」買了一盒當地有名的土產「大沼團子」，沼之家是一間創業超過一百多年的名店，大沼團子也被譽爲「百年不變的美味」，共有紅豆配醬油、胡麻配醬油兩種包裝，其中紅豆口味是蘇菲亞的最愛。

吃著美味的大沼團子，我抵達了札幌。

札幌是位於北海道道央地區的都會城市，是日本人口過百萬的都會區中最北方的一個。由於札幌市是北海道政府（道庁）所在地，因此也成爲北海道的行政中樞。

大沼公園的美景

大沼啤酒館內有許多啤酒口味
可以選擇

除此之外，札幌市曾在1972年舉辦過第十一屆冬季奧林匹克運動會，位於市中心的大通公園也是每年札幌雪祭的舉辦場地，因此札幌也是個國際知名的觀光城市。美食方面，除了有名的味噌拉麵，札幌更是北海道湯咖哩的發源地。

大沼當地交通建議：租自行車、步行、公園內有觀光船可搭乘
大沼其他建議景點：流山溫泉
大沼觀光網站：http://www.onuma-guide.com

札幌當地交通建議：地下鐵、路面電車、巴士、租車、租自行車、計程車、步行
札幌其他建議景點：大通公園、時計台、JR塔展望台、拉麵橫丁、羊之丘展望台
札幌觀光網站：http://www.welcome.city.sapporo.jp

大沼啤酒館

地址：北海道龜田郡七飯町大沼町208番地
電話：0120-162-142
營業時間：9:00～16:00（年尾年初休）
交通資訊：從大沼公園車站步行約3分鐘
網站：http://www.onumabeer.co.jp

其他相關網站
元祖大沼團子 沼の家：http://www.hakonavi.ne.jp/oonuma/numanoya.html

札幌最著名的地標，
札幌電視塔

搭火車旅行時記得選
擇靠海的窗邊座位，
方便欣賞風景

到了大沼，千萬不要
錯過「大沼團子」喔！

蘭島車站是《NANA》中出現的
重要場景

Day5 蘭島（らんしま）、小樽（おたる）

　　蘭島車站曾經出現在中島美嘉主演的《NANA》電影中，是其中相當重要的場景之一。因此，蘇菲亞在蘭島車站下車，真的就只是爲了在這裡拍照，完成心願。其實車站附近很荒涼，並不是一般觀光客會來的地方。稍遠一點的地方有個海水浴場，在這邊下車的其他旅客幾乎都是要去那裡。

　　待其他旅客散去，車站便空無一人，我一個人拿著相機，在月台上和車站的裡裡外外，東拍拍、西拍拍，這拍拍、那拍拍，還一邊聽著耳機裡播放的《NANA》電影主題曲，甚是過癮。

　　滿足了心願，再次搭上列車，下一個目的地是之前去過的小樽。

　　小樽是一座港口都市，鄰近北海道首府札幌市。由於有大量的歷史建築物，因此成爲日本非常受歡迎的旅遊城市之一。

　　大多人認識的小樽都是運河、玻璃工藝和壽司，但其實不只這些，聽美瑛車站的河原君說，當地人都知道的美食是「Naruto」（なると）的若雞（炸雞），而且午餐時間11點到下午2點，炸雞定食還會比其他時段便宜，原價1,100日圓會便宜100日圓呢！

　　聽到這樣一說，說什麼愛吃美食蘇菲亞一定也非要去嚐嚐不可。可是，當我飢腸轆轆地等著香噴噴的現炸炸雞來到面前時，看到它的第一眼卻有些驚訝，竟然是完完

旅行最棒的地方在於永遠
有新發現

好吃無比的Naruto炸雞

整整的半隻雞！

　　不過炸過的表皮金黃色澤的確相當誘人，於是我盡量保持優雅「手筷並用」地開始吃著炸雞，像這樣帶骨的半隻雞這種豪邁的吃法，大概也是在日本其他地方很難見到的了。但炸雞果真的好美味，調味恰到好處，且皮脆肉香，蘇菲亞覺得這一定很合臺灣人的口味，非常推薦大家前去品嚐。

　　離開小樽前，還是不忘啤酒計畫，因此我也特地去找了小樽啤酒，小樽啤酒是以德國啤酒的方式釀造，除了水、酵母及麥芽等原料以外，沒有再添加多餘的人工香料，所以非常的順口香甜，是小樽很引以為傲的啤酒。

　　小樽啤酒在許多商店都可以買到，我在車站旁的土產店順手買了一罐，帶上火車，在列車上邊看風景、邊喝啤酒，愜意地返回家。

小樽當地交通建議：搭乘中央巴士、租車、租自行車

小樽其他建議景點：小樽運河、壽司屋街、小樽築港

小樽觀光網站：http://www.city.otaru.hokkaido.jp

相關網站

Naruto：http://naruto-wakadori.ftw.jp

小樽啤酒：http://www.otarubeer.com/main

Day6 & Day7 富良野、美瑛

因為早就知道8月21日是美瑛的大日子，也就是一年一度「農業祭」（どかんと農業まつり）舉辦的日子。此行也剛好會遇到，因此我特地把最後二天安排在美瑛。

其實農業祭是把以美瑛町的新鮮農產品為主角的「收穫祭（農業まつり）」和日本傳統中元節時所進行的「盂蘭盆舞蹈大會」（仮裝盆踊り）合併舉辦的熱鬧祭典，也是美瑛町每年第一大的祭典，通常以花火大會作為壓軸。

一進美瑛車站，就發現熱鬧的氣氛跟平常很不同。車站前舞台上有表演正進行著，廣場上則有許多攤販和試吃，我馬上興奮地跑去排隊試吃。

這天的活動非常精彩，除了有攤販與表演之外，最特別的就是傳統舞蹈與煙火秀了。

傍晚時分，農業祭的重頭戲「YOSAKOI」（よさこい）終於開始了，車站同事也在行列中與當地兒童和青年男女一同表演了傳統舞蹈。YOSAKOI發源於日本高知縣，為盂蘭盆節期間其中一種祭典型態，特色是使用日本傳統音樂，配合相應的舞蹈，表演者手上會拿著發出聲音的鳴子響板一邊跳舞，並穿著特別設計的服裝，而且每個隊伍均跳著自行編排的舞蹈動作。

最後，農業祭的高潮就是煙火。

預定時間一到，只見美瑛川紅橋上方的天空，綻放出一朵朵美麗的花火，看著花火，想著這兩個多月以來的點點滴滴，好多的回憶湧上心頭，我多想緊緊抓住這一刻，讓它在記憶裡成為永恆。

隔天上午，再次搭上慢車，以富良野牛乳取代前一天的地啤酒，陪伴我前往美瑛。

因為這一天，我接受了緩慢民宿的邀請，前去體驗住宿。這是臺灣人在北海道開的第一間的民宿。緩慢民宿Adagio就位在美瑛的三愛之丘上，附近被整片森林圍繞，後方還有一條小溪流，環境十分清幽寧靜。

餐點是由原本在金瓜石緩慢民宿服務的主廚擔綱，算是和洋混搭的料理，此外他們也堅持盡量使用當地的新鮮食材入菜，每一道菜色，不論是賣相或是味覺都非常優。

民宿最特別的是，還有自己的大浴池。在用完餐以後，民宿有安排每間房的住客使用大浴場的時間，預定的時間到，就可以前往入浴。

緩慢的大浴場寬敞而舒適，簡約的白色調，搭配上無印良品入浴用品，一個人泡在超大的按摩浴池裡覺得幸福得好奢侈。

隔天清晨，我在清脆的鳥鳴聲中甦醒，再搭配民宿提供的精緻早餐，這個早晨很夢幻，也是此行的完美句點。

美瑛的田園風光最令人留戀

　　以上就是蘇菲亞利用北海道自由乘車券所完成的七天之旅，但其實北海道整年真的有非常多有趣且富當地特色的祭典，大家可以參考〈美瑛、富良野玩透透〉文章最後所列出的表單，先查詢好，好好規畫到行程裡去參加。再不然，也可以利用先前介紹過的美瑛景點，好好去導覽一番，都是不錯的選擇。

相關網站

2010 Feeling Chance in びえい 夏 官方活動照：http://www.town.biei.hokkaido.jp/modules/noui/index.php?content_id=13

どかんと祭り 官方活動照：http://www.town.biei.hokkaido.jp/modules/soumu/index.php?content_id=135

緩慢民宿Adagio：http://www.theadagio.com.tw

北海道簡圖

在北海道，沒有車等於沒有腿

　　北海道是日本四十七個都道府縣中唯一的「道」，也是日本除了本州以外最大的島，整體面積佔了日本國土的1/5之多。所以北海道人口中常說：「北海道是『大海道』（北海道はでっかいどう）」。而且也因爲北海道的人口密度沒那麼高，明明面積比九州還大，人口卻只跟福岡一地差不了多少，所以心理上的距離感相較於本州才會大得多。

　　更誇張的是，北海道往道外的交通手段是以搭飛機爲主，所以道內的民間機場竟然多達十七所，是全日本最多。而道內的交通則以開車爲最主要，電車與巴士次之，這與跟東京人依賴電車的生活方式不同。正因爲在北海道當地幾乎人人都有車，所以在北海道，可以說沒有車就等於沒有腿。

　　就如前面所說，北海道有許多地方沒車真的到不了，因此蘇菲亞特地在這一篇專門介紹這些或許交通較不方便，或是前面沒有介紹過的，但同樣值得一去的地方，有機會到北海道時，也千萬不要錯過喔！

☆在旭川（あさひかわ）感受夏日的風情

交通：JR旭川車站，或從富良野利用國道237號約2小時可到達；從札幌利用道央自動
　　　車道約2小時可到達

旭川觀光協會：http://www.asta.or.jp

　　旭川是距離富良野、美瑛最近的大城市，也是北海道僅次於札幌市的第二大城。近年來以旭川動物園和旭川拉麵聞名日本國內外，也因爲有多條鐵路與公路路線在此交會，所以而成爲重要的交通要衝。

　　比較特別的所以是，在旭川市近郊有可以看到螢火蟲的地方。因爲附近的西神樂公園（西神楽公園）裡專門培育了螢火蟲，在黑暗中看一點一點螢火蟲的微光閃爍，伴著晚風，感覺更有夏天的氣氛了。

除此之外，旭川也有看夜景的好地方——嵐山公園（嵐山公園）。夜景總是讓人心情更沈靜，更不可思議的是，蘇菲亞來賞夜景的這天晚上竟然還在夜空中看見了流星呢！

☆到帶廣（おびひろ）吃豬肉蓋飯與甜點

交通：JR帶廣車站，或從富良野利用國道237號約3小時可到達

帶廣觀光協會：http://www.obikan.jp/ssi-bin/index.shtml

帶廣是道東的主要城市之一，是十勝地區政治、經濟的中心，其特色是模仿美國華盛頓特區的市內街路佈局，形成棋盤狀，即使是初次來這裡的遊人也不會迷路，而這裡的「豬肉蓋飯」（豚丼）與甜點都非常有名，因此我也準備來一趟甜點巡禮。

由於十勝地區是美味豬肉的產地，因此使用肉質柔軟的豬肉和各餐廳獨家的醬料調味並燒烤過的豬肉蓋飯成為了十勝獨創的名物。怎麼挑選豬肉蓋飯呢?據說醬料顏色愈深的口味愈甜，愈淺的口味則偏鹹。因此，如果大家看到旅遊指南上琳瑯滿目的豬肉蓋飯圖片想要去品嚐時，只要按照以上原則就可以挑選出適合自己口味的店家了，是一個很簡單的辨識方式。

除此之外，十勝地區的帶廣觀光協會還特別推出一種甜點券，一張只要500日圓，持甜點券可以在參加此企劃活動的三十多間店舖中挑選喜歡的五間店舖去兌換各店的推薦商品一份，真的是超級划算！

蘇菲亞所挑中的五間甜點店，分別是「Café Porte（カフェポルト）」、「Cranberry本店（クランベリー本店）」、「十勝Donut Farm（ドーナツファーム）」、「Cranberry彌生通店（クランベリー弥生通り店）」和「柳月西2條店（柳月西2条店）」，這些好吃的甜點不但吃在嘴裡美味、提在手裡滿足，而且有些甜點店連建築外觀也很可愛，到帶廣來趟甜點巡禮確實是個非常棒的享受。

到帶廣不買這個甜點券就太對不起自己了！

☆去名寄（なよろ）看向日葵

交通：從札幌利用高速道路約3小時可到達；從旭川利用道央自動車道和國道40號約2小時可到達

名寄觀光協會：http://www.nayoro-kankou.com/himawari.php

　　獅子座的蘇菲亞，從小就很喜歡屬於自己星座的花卉——向日葵。就連大眾所狂愛的北海道薰衣草，也比不過向日葵在我心中的地位。

　　而在北海道最為人所知的向日葵田是位在北瀧町（北竜町），蘇菲亞也一直以為那裡就是首選。但在夢幻打工期間，經過當地人的推薦才知道，原來在名寄這個地方也有很多很美的向日葵田可以欣賞呢，因此特地前去觀賞。

　　名寄地區的向日葵田最適合賞花的時期，是每年約7月下旬到8月下旬這段時間。蘇菲亞前去賞花的地點，則是位於日進車站附近的「SUNPILLAR PARK」，這裡除了有向日葵花田，還有清水廣場、運動公園等等設施，很適合放假日全家大小來這邊消磨午後時光。

SUNPILLAR PARK：http://www.nayoro.co.jp/sunpillarpark

☆到劍淵（けんぶち）找草泥馬

交通：從富良野利用國道237號或富良野國道約3小時可到達；從旭川利用道央自動車道約1小時可到達

劍淵觀光協會：http://www.town.kembuchi.hokkaido.jp

　　蘇菲亞來夢幻打工之前聽說曾在網路上紅極一時的「草泥馬」，在北海道也看得到，而且就在離旭川不遠的劍淵。

　　被誤稱為「草泥馬」的動物，其學名為「羊駝（Alpaca／アルパカ）」，是原產於南美洲大陸的一種駱駝科動物。羊駝身上的良質體毛，自古以來常被人類取下做成衣類等生活用品。由於牠的外型可愛，所以在日本以羊駝造型製作成的玩偶也相當受到女性及兒童喜愛。

位於劍淵的「VIVA ALPACA FARM（アルパカ牧場）」，飼養了共約七隻羊駝，每隻的毛色都不相同，據飼者說牠們的個性也不盡相同。其中有一隻毛色像焦糖、長得比較漂亮的Cookie，聽說牠就特別驕傲，叫名字也不見得會理，要牠心情好才願意靠近你一點。動物像人一樣也有各自的脾氣這一點，讓人覺得格外有趣。

VIVA ALPACA FARM：http://www.viva-alpaca.jp

☆衝啊！直奔日本最北端──稚內（わっかない）

交通：從富良野利用國道40號約7小時可到達；從旭川利用國道40號約5小時可到達
稚內觀光協會：http://www.welcome.wakkanai.hokkaido.jp

　　從富良野鄰近的旭川到日本最北的稚內，若是直行國道40號，約需花費五至六個小時的時間才能抵達。

　　車子一路向北行駛，最後終於到達了稚內市範圍內的宗谷海峽（宗谷岬），也就是「日本最北端之地」，高高的「日本最北端之地」之碑就聳立在眼前，三角形的紀念碑非常有氣勢。比較特別的是，這裡附近的土產店裡都販有著「日本最北端之地到達證明書」，是來到宗谷海峽必買的紀念品喔！就連開車去加油，加油站都會發給顧客一張「日本最北端給油證明書」呢！算是相當特別的紀念品。

　　面對宗谷海峽還有一處北方碼頭的地標──稚內港北防波堤（稚内港北防波堤），全球罕見的半弧形哥德式拱門建築相當特殊，且在2001年已被指定為北海道遺產，非常值得一訪。

　　道北除了稚內以「日本最北端」聞名以外，在稚內南邊的「豐富溫泉」（とよとみ温泉）也非常特別，也值得一遊。「豐富溫泉」於1926年探勘石油時湧出，是道北地方規模最大的溫泉。呈黃色、混濁且帶有濃濃石油氣味的泉水為其特徵。

　　據說豐富溫泉特殊的泉質對於異位性皮膚炎有神奇的療效，故吸引了日本全國各地有此皮膚疾病的患者移居此地就近泡溫泉治療。因此，無論是溫泉的氣味或是周遭被皮膚病患者環繞的景象，對蘇菲亞來說都是個非常奇特的泡湯體驗。

自己下廚樂趣多

自分流料理，在日本這樣吃

　　所謂的「自分流料理」，就是不按照食譜或他人教授的方式，自己獨創作法的料理。

　　在東京，生活便利的程度比起臺北有過之而無不及，即使堅持不自炊也能靠外食度過每一天。但在北海道可就不同了，美瑛和富良野都算是觀光區，餐廳的價位自然也偏高，就連兩地的超市都只有兩間左右，營業時間結束得也早，而便利商店則不但少，距離還很遠，所以上班前的早餐和下班後的晚餐，如果能夠自己料理，會比較方便省錢。

　　而且居住在這個盛產新鮮農產品的地方，產季一到，附近的農家就常會送東西到車站來給我們，一旦有好吃的蔬果到手，當然要動腦筋思考如何將它做成美味餐點，才不至於浪費了大地的恩惠啊！

　　以下，我就來介紹在日本居住時，可以利用一般在超市輕易就購買得到或當地美味食材，自己動手做料理，不僅美味，而且也省錢呢！

★ 明太子義大利麵

材料

新鮮明太子……1盒
義大利麵……1人份
Q比美奶滋……適量
海苔絲……適量
鹽……少許

作法

① 將明太子自薄膜中擠出，拌入美奶滋備用。
② 將義大利麵放入沸騰的水中煮五至七分鐘，水中加入少許鹽巴。
③ 將煮熟的義大利麵撈起，放入拌好明太子美奶滋的碗裡，將麵條與明太子醬拌勻。
④ 在拌好的義大利麵上依自己的喜好灑上海苔絲即完成。

＊也搭配水煮的新鮮蘆筍沾美奶滋一起吃也很清爽喔！

★ 茄子蕃茄義大利麵

材料

料理用油（或橄欖油）……1～2大匙
義大利麵……1人份
日本茄子……1條
新鮮蕃茄……半顆
蕃茄醬……1大匙
乾燥羅勒葉……少許

作法

① 茄子切片，用平底鍋熱油，開中小火煎茄子。
② 加入切好的新鮮蕃茄、義大利麵、蕃茄醬拌炒，邊炒邊試味道。
③ 最後灑入少許乾燥羅勒葉拌炒提昇香氣後起鍋即完成。

＊也可以加入鮪魚罐頭或辣醬，變換成不同的義大利麵口味喔

★ 泡菜牛肉炒飯

材料

料理用油……1大匙
韓式泡菜……依個人口味調整
牛肉片……依個人口味調整
白飯……1人份

作法

① 用平底鍋熱油，開中火，先放入切
　成丁的牛肉片炒至半熟。

② 加入韓式泡菜拌炒。

③ 最後加入白飯炒勻即完成。也可另
　外用平底鍋煎一個荷包蛋更添營
　養。

★ 咖哩炒飯

材料

料理用油……1大匙
咖哩炒飯素……1包
白飯……1人份
小黃瓜切片……適量
雞蛋……1顆

作法

① 用平底鍋熱油，加入白飯與炒飯素炒勻起鍋。

② 用平底鍋煎一個荷包蛋。

③ 咖哩炒飯搭配小黃瓜切片一起吃，才不會火氣大。

★ 宮保雞丁蓋飯

材料

料理用油……1大匙
冷凍炸雞塊……3塊
青椒……1～2顆
雞蛋……1顆
白飯……1人份

作法

① 用微波爐將冷凍炸雞塊解凍後切成丁備用。
② 青椒切丁備用。
③ 用平底鍋熱油，開中火，把打好的雞蛋液倒入輕炒，接著加入青椒與炸雞塊丁拌炒。
④ 視需要以少許鹽巴調味後起鍋，將炒好的料放在白飯上即完成。

★ 蕎麥麵

材料

蕎麥麵……1人份
海苔絲……適量
麵味露……依個人口味調整
芥末……少許

作法

① 將蕎麥麵放入沸騰的熱水中煮熟撈起。
② 沖冷水使麵調降溫產生彈性。
③ 將麵條盛盤灑上海苔絲。
④ 依個人喜好在麵味露中加入少許芥末，夾麵條沾麵味露食用即可。
＊可搭配熱水沖泡的味噌湯一起吃，方便又營養

★ 日式炒麵

材料

附醬包日式炒麵……1人份
料理用油……1大匙
豬肉片……依個人口味調整
新鮮蔬菜（高麗菜、青椒或紅蘿蔔）……依個人口味調整
Q比美奶滋……適量
綠海苔粉……適量
水……1/2杯

作法

① 將豬肉片切成條狀，蔬菜切丁或切絲備用。
② 用平底鍋熱油先煎豬肉片，再加入蔬菜拌炒。
③ 加入日式炒麵與水，煮一下讓麵條散開。
④ 水收乾後加入日式炒麵醬包，炒至全乾。
⑤ 起鍋後在炒麵上依個人喜好擠上美奶滋，並灑上綠海苔即完成。

★ 辛拉麵升級版

材料

辛拉麵……1包
新鮮蔬菜……依個人口味調整
韓式泡菜……依個人口味調整
雞蛋……1顆

作法

① 用麵條放入沸水中煮三至五分鐘，同時放入新鮮蔬菜與韓式泡菜。
② 再次沸騰後，加入調味粉包，打一顆雞蛋即完成。

★ 馬鈴薯沙拉

材料

馬鈴薯……1顆
水煮蛋……1粒
Q比美奶滋……適量

作法

① 馬鈴薯用耐熱保鮮膜包起來，分兩次各五分鐘微波至鬆軟。
② 水煮蛋切碎備用。
③ 馬鈴薯微波完成後，去皮，包在保鮮膜內用飯勺壓成泥狀，跟切碎的水煮蛋拌在一起，放入冰箱待冷卻。
④ 將冷卻後的馬鈴薯泥拌入美奶滋即可食用。

＊還可以拿來夾土司食用喔

★ 鮪魚披薩土司

材料

罐頭水煮鮪魚……依個人口味調整
起司條……適量
蕃茄醬……少許

作法

① 在平底鍋倒入水煮鮪魚輕炒，收乾湯汁。
② 依序在厚片土司上抹蕃茄醬，放上炒好的水煮鮪魚，灑上適量起司條，以烤箱烤四至五分鐘待起司融化後即完成。

Working Holiday 最高！

——年齡無上限、體力不要求，
不管是北海道、還是東京，全日本都可以打工

♥ 北海道限定！打工去

由於北海道本身是一個以觀光爲重要收入的地區，因此，在北海道能夠找到的工作機會，也多會以旅遊服務業、農業、畜牧業爲主。再加上地理位置的因素，北海道的冬天比日本其他地區都長，一旦進入冬天，不但遊客人數驟減，農家也會進入休耕期。所以一般來說，主要的工作繁忙期還是會分布在夏季的旅遊旺季這段時間。而根據調查資料顯示，臺灣每年赴北海道的觀光客約有二十萬人之多，因此，據我所知，會講中文、日文、英文等多國語言個性又隨和的臺灣人，已成爲最受當地雇主歡迎的員工人選之一。

不過，需要特別注意的是，某些特定的打工有可能遇到超時工作或一個人被當多個人用的情形，甚至是雇主的不良對待，這時候千萬不要隱忍或妥協，要適時勇敢地提出自己的意見與雇主溝通，必要的時候請朋友協助，不得已時還可以協議提前結束工作。畢竟一個人出門在外，度假是目的，打工只是輔助條件，如果因爲工作弄壞了身體或搞砸了心情，以致讓家人擔心等等，可就得不償失了。

當然，正因爲這裡以旅遊相關產業爲主，所以也衍生出許多不同於日本其他區域的打工方式，條件限制也不盡相同，以下就跟大家簡單介紹。比較特別的是，其中**有一些打工機會甚至沒有年齡限制，所以超過三十歲以上的人有福啦！**

北海道特有的打工度假

1. 夢幻打工

蘇菲亞參加的就是這種，其主要工作內容就是每年於薰衣草花季期間（6月中旬～8月上旬），共約五十天左右，在富良野及美瑛車站擔任中文口譯員。其實，這份工作已經是第六次招募，只不過以往五年都是在日本當地徵求臺灣留學生，或由曾任口譯員的前輩們介紹新人，因此在臺灣的朋友比較沒機會獲得。不過，2010年時JR北海道的新任課長勇於嘗試

薰衣草給人夢幻的印象

新改變，因此首度來台公開招募人才，以「夢幻打工」爲名公開徵選，結果共吸引了二百六十二人投履歷報名，最後再從十位入選面試者中選出兩名夢幻打工當選者。在面試階段甚至還有入選者特地從美國、日本飛回臺灣參加，可見能在開滿紫色薰衣草的夢幻北海道工作有多麼令人嚮往。最終，蘇菲亞很幸運地成爲兩名當選者之一。

條件限制

① 須具備臺灣國籍、男女不限、年紀不拘
② 須持有個人部落格
③ 會電腦的基本文書操作
④ 具備日語能力檢定二級或一級合格
⑤ 須具備英語會話能力
⑥ 擁有個人筆記型電腦、與數位相機
⑦ 工作期間必須每天在部落格上書寫觀光情報或
　工作狀況

※ 具備打工度假資格者，也可參選

花季最適合搭乘Norroko慢車號

徵選時間

　　約每年4月，每年徵選的方式略有差異，也不固定舉辦，有意應徵者請注意每年最新訊息，詳見JR北海道中文官方網站。

JR北海道中文官方網站
http://www2.jrhokkaido.co.jp/global/chinese/index.html

富良野是北海道的夏季旅遊勝地

優點

　　總工作薪資489,600日圓。工作地點固定。工作期間的住宿費用、從北海道新千歲機場前往富良野的來回車票及工作期間往來富良野與美瑛的工作證皆由北海道JR Service Net提供。同時，亦可取得一年期「人文知識‧國際業務」之工作簽證，這是一種可以從事人文科學領域知識相關業務的工作證，例如：營業、販售……通譯工作亦屬範疇之內。

缺點

　　工作薪資須預扣20%所得稅。工作期間的餐費，以及從臺灣前往北海道新千歲機場的來回機票費用，須自行負擔。申請工作簽證費用亦須自行負擔。

注意事項

　　因為提供住宿的宿舍內無網路設備，因此必須利用工作場所網路資源或自行租用設備發表部落格。

2. 超冷打工

　　不是每個人都有機會能在負二十度以下北海道冰天凍地的白雪世界中挑戰未知體驗，「超冷打工」可說是史上最難得的雪國打工度假機會。這份工作的內容是在北海道境內的札幌、然別湖、釧路、知床、富良野、洞爺湖等六個地點，協助雪祭會場、冰村、車站、滑雪場等地的活動與相關庶務進行。工作時間是約每年的2月到3月中旬，為期一個多月。另外，當選者在出發到北海道工作前的事前準備、心情或相關事項，也必須在規定期限每週寫一次部落格。簡而言之，這是一份可以一邊打工賺錢、一邊玩樂北海道多雪之美，並透過網路部落格書寫，向大家介紹北國冬天迷人的魅力的工作。2009年這份打工吸引共計二百一十二人報名，僅選出一人，最後這個0.47%的難得機會，由東海大學日文系畢業的MOMO（茅瑞羽）獨得。

冬用道路景線標示

條件限制

① 身體健康、態度積極、喜歡與人群接觸
② 男女皆可
③ 須在規定期限前取得打工簽證
④ 擁有應付日常生活的基礎日文能力
⑤ 擁有個人筆記型電腦與數位相機
⑥ 已經擁有個人部落格，或是在11月底前申請設立部落格
⑦ 工作期間必須每天在部落格上書寫觀光情報或工作狀況

徵選時間

　　約每年10月，每年徵選的方式略有差異，也不固定舉辦，且此工作機會不一定每年皆有需求，有意應徵者請注意每年最新訊息，詳見JR北海道中文官方網站。

JR北海道中文官方網站
http://www2.jrhokkaido.co.jp/global/chinese/index.html

優點

　　總工作薪資147,000日圓。台北到札幌的來回機票、工作期間所有的住宿費，以及前往下一個工作地點移動的交通費用都由主辦單位負擔。部分工作地點有提供免費員工餐。

缺點

　　工作薪資須先預扣20%所得稅。雪地用的防寒保暖衣物須自備。每週都要變換工作地點，各地點之住宿及網路設備狀態不一，必須先有心理準備。

11月起北海道各地就開始降雪

到北海道體驗真正超冷的冬天

很有氣氛的聖誕樹

知床、網走一帶很適合觀賞流冰

注意事項

工作內容有臨時變更的可能性，因此工作期間必須按照主辦單位的指示進行工作。體驗滑雪等活動時，有可能會受傷；保暖措施沒有做好，也有可能會凍傷。另外，更必須注意所攜帶之數位相機是否可在零下寒冷環境中正常運作。

東川町有類似太魯閣的峽谷風景

大雪旭岳源水是日本名水百選之一

3. 東川町語學研修兼打工

　　2010年7月，由日本地方行政機關「北海道東川町」舉辦了就算是在日本國內也難得一見的公辦語言進修課程，並且給予優惠的補助，也首次對臺灣招生。第一屆招生名額為二十九人，其中五人可同時享有支薪的打工機會，不過往後的招生名額可能會有所差異，有興趣的朋友可以上主辦單位網站確認。

　　這個課程主要是提供臺灣研修生前往當地進行文化體驗以及語言學習，期間除了語言學習之外，研修生也會參與文化體驗活動以及當地祭典，冬季課程還會加入滑雪項目。透過與日本學生一起共度的宿舍生活，會比其他語言課程更能深入地了解日本人的文化以及生活習慣，進而結交當地朋友。

條件限制

　　凡中華民國之良好國民，無前科、能適應團體生活者，而年齡、職業也不拘，皆可報名參加語學研修課程，即使是完全沒有日文基礎的人也可報名。其中，如果你同時持有打工度假簽證者，東川町每一期還會提供打工機會給五名研修生，工作內容主要以協助農家為主，例如除草、收穫、裝箱等。

報名時間：

春夏秋冬四季分別有一月期到五月期不等的課程，持有打工度假簽證者於課程期間可經由主辦單位介紹在東川町當地農家打工，課程結束後的打工地點則不限制，詳見主辦單位網址。

參考網站：
新高通HP
http://www.snark.com.tw/Snark/news.htm
北海道東川町HP
http://town.higashikawa.hokkaido.jp

優點

打工者時薪約691日圓(2011年)。並享有北海道東川町政府之相關補助，包含：語學研修課程費用內含報名費、學費、課程教材費、來回機票、新千歲機場接送、保險費；週一至六的早、晚餐兩餐，以及研修生「單人房」住宿費。宿舍由東川町提供，不須另外找房子。

缺點

語學研修課程費用不含文化體驗材料費、日本語能力試驗報名費、電費、瓦斯費、網路費、洗衣機烘乾機使用費、暖氣費、滑雪課程等，須自行支付。另外，打工者在打工期間也須額外再支付每個月20,000元臺幣（未滿一個月者以一個月計算）的住宿費用。

注意事項：

詳細報名費用等資訊以主辦單位公布資料為準，東川町有權調整課程細節。

我們都在北海道打工度假

MOMO有抓堅夢想的勇氣

打工案例一 不怕冷就來

姓　名：MOMO

性　別：女

打工方式：超冷打工

MOMO是東海大學日文系的畢業生，大學期間就曾在群馬縣當過一年的交換學生。也許是喜歡上了在日本的生活，因此決定畢業後再度前往日本打工度假一年，地點則選在北海道。

　　MOMO赴日打工的第一份工作是JR北海道在臺灣徵選的「超冷打工」。做這份工作不只身體要耐得了寒冷，心臟也要夠大顆才行，因為幾乎每個地方的工作內容都要等到了當地才知道，有時候一個地方還不只一種工作，簡直比刮刮樂還刺激。

　　到結束工作為止，MOMO實際上體驗過的工作內容包括：在札幌負責雪祭會場中製作雪雕的道具管理；在然別湖的溫泉飯店幫忙，以及清掃露天溫泉、製作冰屋；在釧路SL蒸汽火車上擔任中文嚮導；在知床跟隨自然中心體驗團擔任自然解說員與觀光客之間的翻譯，以及在飯店大廳幫忙接待客人；在富良野上滑雪課學習滑雪；在

洞爺湖則是在纜車售票亭協助剪票工作、參觀食品展、在餐廳幫忙等等。當然，就和夢幻打工一樣，工作期間也必須每天發表網誌，向臺灣朋友分享北海道的旅遊資源。

　　然而超冷打工除了讓MOMO欣賞到北海道冬天最不可思議的美景之外，卻也讓她體會到在超冷環境下工作的辛苦。例如，有一次在然別湖村裡體驗志工工作時，MOMO必須大清早就起床並且拿著重重的榔頭，把露天溫泉周圍人工草皮上結的「冰塊」敲掉再掃乾淨，不但冰塊超硬，榔頭也重到快把她自己給甩了出去。好不容易敲完了冰塊後，還得再去搭冰屋，來來回回當扛冰

沙的苦力勞工，最後再用冰沙連接雪磚——製作冰屋和冰屋內的座椅。在零下十度的低溫中工作了將近七小時，終於感覺到這真的是名副其實的超冷工作。

除了工作之外，超冷打工的優惠——滑雪板經驗——也讓她終生難忘，在富良野第一次學習時，就因為重心不穩而摔成了「逆H型」，她強調說這是滑雪板這項運動中最痛的一種摔法。而連續幾次的重摔換來了全身痠痛，唯有靠著泡湯才稍稍消緩。來北海道以後，她也特別注意到道路的兩旁常會沿線設置往下指的箭頭標誌，這在臺灣從來沒看過，後來知道原來是怕積雪覆蓋了路面，駕駛 人會分不清道路界線，為避免發生交通事故所設置的。

除了肉體上的辛苦和疲勞，MOMO也說一個人來到國外打工度假，心境上一切就像是從零開始。日常生活無法跟在臺灣時擁有一樣的物質享受，因此開始懂得知足，也一再體會到原來自己有多幸福。寂寞的時候，也要主動去找朋友，花時間、心力與人交心，才不會在需要幫助時孤伶伶一人。而且可能是天氣超冷的關係，個性也開始變得不像在臺灣時，會因為天氣太熱而容易煩躁沒耐性，漸漸習慣了北海道人慢活的步調，變得有耐性多了。

國旗上有許多在日臺灣人的簽名

MOMO因為本身個性開朗，使得認識她的朋友，不論是臺灣人、日本人，甚至其他國家的外國人都很樂意在她遇到困難時給予幫助，雖然工作箇中甘苦只有自己明白，也曾經遇到不少障礙，但是一路上認識的朋友和沿途的美景都讓她感到既幸運又幸福，直說這趟打工來得相當值得！

蘇菲亞覺得MOMO的案例給即將前去日本打工度假的朋友做了一個很好的示範，所以無論如何都想以第一順位介紹她。

MOMO的部落格
http://www.wretch.cc/blog/km4ever/

生日時，MOMO親手為我作蛋糕

我們都在北海道打工度假

姓　名：雅雯
....

性　別：女
....

打工方式：2008年富良野車站口譯員
....

雖然同樣是在車站當口譯員，不過，富良野車站口譯員與美瑛車站最大的不同是，在富良野車站還需要到觀光協會工作，加上富良野車站是轉車中心，所以更有機會接觸到很多當地人與外國遊客。其中令她印象最深刻的是曾有一名篤信基督教的旅客自從知道雅雯在車站工作後，便每天都來拜訪，直到結束旅程臨走前還不忘向她傳教，並且送了她一本福音書。

而在觀光協會幫忙時，不像在車站只需要回答跟票務、時刻表相關的問題就好，工作內容還包括幫旅客訂房以及觀光導覽等等服務。有時候幫客人訂了房，客人沒依約入住也沒主動聯絡取消，導致她曾因此被旅館或民宿主人指責。但也因為工作上合作關係密切，有幾位義工、民宿老闆和當地居民後來都成為了雅雯人生中很重要的朋友。

例如有一位熱愛俳句的義工奶奶，有時候會拉她到家裡跟她分享自己喜歡的俳句，一首一首念給她聽，還展示自己平常在彈的古琴給她看，雅雯笑說，其實比起俳句她更好奇的是古琴彈奏時的樂音，然而老奶奶卻一次也沒彈給她聽過。

另外有一位在富良野經營Guest House的老闆也會邀雅雯到家裡吃飯，讓她實際體驗到日本人真實的家庭生活。因為跟這些當地人變成了朋友，以至於每一年只要有機會去日本，雅雯都一定會回到富良野，跟這些老朋友們碰碰面、敘敘舊，希望這份友誼能夠長久持續。

因為車站口譯的工作等於是第一線客服，每天都有不一樣的挑戰，會遇到不一樣的客人，應變能力與解決問題的能力也要快狠準才行，同時也會接收到最直接的謝意與不滿。儘管偶有難應付的情況，但每天都可以聽見謝謝和看見客人臉上的安心笑容，就是最大的成就感。

雅雯更覺得每天被說「謝謝」的幸福感，才是這份工作最吸引人之處。而在自己的工作之外，雅雯也對車站員工無微不至細微的體貼服務感到驚訝與佩服。這份在異

地生活與工作的短期經歷，也讓她自己更有信心面對接下來的人生之路。

　　結束打工之後，雅雯便回到台北在行銷公司上班，且她現在的工作仍然跟JR北海道常有合作，像是「臺灣公開徵選夢幻打工」這項企畫就是由她負責的。蘇菲亞參加徵選時，雅雯就是其中一位面試官，但她非常低調，一直到徵選結束，出發前的說明會時我才知道原來她也是我的前輩呢。

夢幻打工是個改變人生的工作

我們都在北海道打工度假

姓　名：見有／Fumi

性　別：男／女

打工方式：東川町語學研修兼打工

見有和Fumi兩位都同樣在東川町度過了五個月語學研修兼打工的生活。由於當地以務農居多，因此在這裡打工的主要工作內容就是在農場裡負責將採收好的農作物挑選、清洗、裝箱，男生則還要負責部分的搬運工作。而收成的農作物也會依季節變換而有所不同，例如見有和Fumi打工時的夏秋兩季主要便是以綠色花椰菜和白蘿蔔為主。他們說這樣的工作其實不算太困難，也不會太累，只要經過一段適應期，習慣了工作內容和流程，很快就能上手了。

　　見有原本在科技公司擔任工程師，一直想著有朝一日要到日本遊學或念書甚至工作，碰巧這時候台日打工度假簽證制度開放，他很幸運地趕在年齡超過限制前申請通過了打工度假簽證。而東川町遊學課程所提供的打工機會正好可以讓他一邊學日文、一邊體驗在日本工作的感覺，圓了自己長久以來的夢想，於是就毅然決定出發！

　　在日本生活了幾個月之後，他也更加喜歡日本了，尤其在東川町這樣的鄉村裡更能體會到日本人親切的一面。同時他也愛上了東川獨一無二的天然湧泉好水質與比臺灣的冬天更像冬天的氣候，常在下雪或低溫下探時跑到休息站附近拍下當時的溫度。

他說在東川町生活唯一遇到困難的地方，還是在於溝通，尤其是要能夠用道地的日文描述「自己的感覺」這一點。

Fumi則是在大學時便是主修應用日語，出社會之後從事的是飯店櫃臺人員的工作。她說在東川町邊學日文邊打工的好處是在課堂上會比其他同學有更多生活點滴可以分享。尤其印象最深刻的是有一次洗白蘿蔔時，那天蘿蔔上的泥土特別多，所以都沉到水池裡面去，等到大家以為所有蘿蔔都洗完了要將水池的水放掉時，才發現大部分的蘿蔔都沉到水底下，所以連忙爬到池子裡把蘿蔔一根根撿起來，用人工的方式重新搬到輸送帶上去清洗，忙得她們人仰馬翻，還比平常晚了整整一個小時的時間才結束工作。

Fumi說雖然打工只有微薄的薪水，工作也多半是在付出勞力，但是她覺得自己學到很多，身上好像多長了些肌肉、力氣比以前大了許多，身體也變得更健康了。

除了語言課程和打工之外，東川町也常進行校外教學的活動，老師們會帶著學生到富良野、美瑛、旭川、札幌甚至小樽等地，以當天來回的一日遊方式參觀其他地方的藝文及傳統活動，這部分的交通費用也會由當地政府的贊助。

而在東川町的語學研修課程結束之後，見有決定暫時留在日本好好享受多年來想望已久的下雪的白色聖誕與跨年，以後有機會的話還想再到日本工作。而和打工農場老闆娘感情很好的Fumi，在道別時依依不捨地落淚了，她說老闆和老闆娘都把她們當自己人看待，總會不時噓寒問暖，讓她很感動，即使後來離開這裡到其他地方繼續打工，但是還是時常想起那邊的一切，希望有一天能再回到那個充滿人情味的地方。

在東川町露橫喜座
自然的思賜

打工度假制度
每年吸引數千人報名

♥ 全日本都可以打工度假

此一方式基本上依照財團法人交流協會所公布的日臺打工度假簽證制度為準。
「打工度假制度」是基於日、臺間的協議，為提供臺灣青年能有體驗日本文化
及日常生活方式之機會，認可其在期限最長為一年之度假期間，為補旅費之不足，而
從事打工活動的一種制度。除了年齡方面的基本限制，及不得在酒吧等風化場所及特
殊場所從事打工活動等條件以外，基本上並無太多規定。至於到了當地以後會找到什
麼樣的工作，就得各憑本事啦！

　　不過，一般而言如無特殊工作背景或語言能力的話，持度假打工簽證能夠從事的
工作多半仍為服務業，例如，餐飲速食店、飯店清掃等等，因此體力是不可或缺的基
本要素。日文能力方面，我相信許多人都會擔心，我也建議大家，如有計畫到日本打
工度假，最好還是稍具日文基礎比較妥當，程度最少要在JLPT日本語能力試驗級數的
N4、N5左右，否則別說要找打工了，可能連每天的生活起居都會成問題；如果日文
不夠好，最好也要會一些簡單的英文會話。

　　工作機會可經由求職網站找到，車站和路邊也有免費的求人情報誌可拿取，或者
透過朋友介紹。打工依區域不同基本時薪約在600~1,000日圓上下，公司行號的派遣或
約聘人員的薪水則以月為單位計算，收入會稍微高一些。至於是否需要簽約，就要視
工作單位而定，需要簽約的工作，一般多以六個月為一期。

日本全國都通用的打工度假

1. 一般打工度假簽證

條件限制

① 申請打工度假簽證時為居住在臺灣之居民
② 申請打工度假簽證時之年齡介於十八歲以上，三十歲以下；各申請期間之受理對象依出生年月日區分，詳見日台交流協會網站
③ 在不超過一年之期間內，以度假為主要目的而停留在日本
④ 過去未曾取得此種日本簽證
⑤ 無被扶養者同行（若該家屬持有其他有效簽證則除外）
⑥ 持有效之臺灣護照（載有身分證字號）
⑦ 持有返回臺灣之交通票券，或有足夠經費購買該票券
⑧ 持有足以維持停留日本最初期間之生活所需費用
⑨ 身體健康且無不良紀錄或犯罪紀錄
⑩ 已投保在日停留期間，死亡、受傷及生病之相關保險

期限

① 簽證之有效期間為一年（自各期之領證期間第一日起算）
② 在簽證有效期間內赴日，並由入國審查官給予上陸許可者，即表示被認可自當日起，在日停留一年
③ 簽證之有效期間無法延長，不能在有效期間內赴日者，該簽證將失效

日臺交流協會：http://www.koryu.or.jp/taipei-tw

優點

有自主性，打工地點、行業、打工與度假的比重一切皆可自己決定。

缺點

不保證到當地一定能找到工作，也必須負擔得起度假或無業期間的所有開銷。

注意事項

必須是以度假為目的，附帶從事打工活動方被認可。大學生等要赴日實習，係基於教育課程之一部分，而在日本公私機關從事業務之活動，須辦理其他相關簽證，因與打工度假制度宗旨不同，故無法成為簽證發給對象。

日本四季分明，打工度假
生活令人嚮往

趁年輕給自己
一個實現夢想的機會

一整年的時間值得好好運用

在餐飲業打工門檻最低

2. WWOOF換宿

WWOOF 是World-Wide Opportunities on Organic Farms的簡寫，中文名爲「世界有機農場機會組織」，這是一種協助有機農場生產有機作物爲目標的國際性組織。WWOOF組織會收集農家資料，並印製成小冊子、或設立網頁，有興趣的人可以繳付會員年費以取得進入網頁的資格，同時亦提供在農場打工交換食宿的訊息服務。

　　利用WWOOF換宿的志工一般稱爲「WWOOFers」，屆時農家提供食物、住宿與學習機會，而WWOOFers則幫助農家農耕、園藝、畜牧工作爲交換，工作內容如除雜草、播種、施肥、灑水、收割、乾草製作等，有時甚至要幫忙做掃除、會客等等的事務。志工們大致上不會收到金錢回報，但可透過工作感受農村生活並體驗不同國家的風情。

　　由於並無特殊年齡、身分及語言程度限制，因此WWOOFers之間的身分和參與動機差異十分大，從放假的學生到有興趣學習有機耕種的人，也有父母帶着的小孩、青少年，甚至是退休人士。

條件限制

　　無特殊限制，凡對農事有興趣，而且可抽出一星期、三個月或半年的時間到農場工作者，都可以加入WWOOF組織。志工們需要繳年費。繳費完成後，就可以收到所有農場的聯絡資訊，自行挑選並聯繫。無論是使用觀光簽證或打工度假簽證者皆可參加。

WWOOF TAIWAN：http://www.wwooftaiwan.com/tw/wwoof-taiwan-home.html

在民宿打工可以交到不少朋友

利用換宿減少許多開銷

由雇主提供食宿，可深入體驗日本家庭生活。日文程度不高的人，也可透過步調較為緩慢的日常生活來熟悉會話應用。

缺點

加入會員須繳交年費650元台幣（以**WWOOF TAIWAN**為例）。無額外支薪，生活費、旅費須自行負擔。簽證手續須自行辦理。工作時間與工作量不固定。

注意事項

WWOOF組織不提供保險，對於志工活動所可能發生的天災意外事件或者與農場的爭執，一律不承擔任何責任，因此WWOOFers在開始從事任何志工活動前，記得要做「意外保險」的規畫。另外，如要攜帶十五歲以下子女同行，則須先經過雇主同意。

打工度假好處在於自由無限大

要挑選到好的工作環境，事前必須多作功課

我們都在日本打工度假

姓　名：Nina

性　別：女

打工方式：時尚零售業

Nina的部落格
http://www.wretch.cc/blog/ninakuri

Ｎina是我幾年前在東京日本語學校時認識的臺灣女生，她在語言學校念完兩季之後回到台北，並在Plaza和Afternoon Tea分別工作了一段時間。當知道了日臺打工度假制度開放的消息，便想趁三十歲之前出國體驗一下不同的生活，於是毅然決然辭掉了原本挺優的工作，來到東京打工度假。

因為有了之前念語言學校和在日系品牌工作的經驗，Nina申請打工度假簽證的過程還滿順利。到了東京以後，她更發現求職網站上需要會說中文的職缺其實不少，因此面試的機會也還蠻多的，只不過因為自己對餐飲業的工作比較沒興趣，加上日文能力尚有不足，所以一開始找工作時還是碰了很多壁。

經過了將近一個月的時間，終於找到了第一份工作，是在台場的百貨專櫃賣名牌水貨包的打工，被任用的原因是因為台場觀光客多，專櫃老闆很重視中文市場，所以需要她在專櫃上負責銷售外，還要幫忙寫POP文案等等。

原本Nina以為在凡事以客為尊的日本做服務業一定格外辛苦，但沒想到其實日本顧客多半都懂得與銷售員互相尊重，完全沒有像某些華人顧客那般愛對店員頤指氣使的惡劣態度，這一點跟她當初所想像的很不一樣。但因為這份期間限定的工作在一開始就知道只能做兩個月，所以她也在一邊工作時一邊開始尋覓新頭路。

Nina的第二份工作則很幸運地找到了時尚品牌Crystal Ball（俗稱：狗頭包）的工作，一週三天在總公司的海外準備室上班、兩天在表參道本店當店員。在總公司上班的工作內容，主要是對海外的營業兼行銷部處理訂貨出貨，以及宣傳（華人媒體採訪、經營中文官網、寫部落格等）。

　　畢竟是時尚品牌，她說公司裡有不少型男美女，且令她驚訝的是他們多半都年紀輕輕卻已在同一間公司待了很多年，不像一般臺灣年輕人常工作沒幾年就轉職像是家

常便飯似的。不過她也說真正跟日本人共事之後，真的發現日本上班族不但壓力大還超級壓抑，上班時的正經跟下班喝酒的解放完全是兩種德性，日劇上所演的真的不是騙人。這點我想不只是Nina，很多跟日本人相處過的人都有相同的體會。

　　家境還算不錯的Nina，雖然家人都很擔心她一個人在東京生活會不會受苦，但她卻也很能享受一個人的生活，即使在物價最高的東京生活實在有些辛苦，每個月的薪水光付完房租就去掉一大半，但是憑著興趣還是繼續撐了下去。

　　她特別提到在東京認識的其他打工朋友都是同時兼好幾份工作，速食店、便利商店兩邊跑，很多人都沒料到拿了打工度假簽證來日後，卻只能「Working」很難「Holiday」。因此建議想來東京打工度假的朋友們，可以多衡量自己真正想要的是什麼，然後選擇適合自己的方式去完成打工度假。

　　另外，Nina也建議那些不敢一個人在外用餐、凡事都要有人陪、需要他人幫忙的人還是不要輕易嘗試海外打工度假比較好，畢竟在國外生活很多時候都要靠自己奮鬥，如果不夠獨立可是很難度過初期階段的。

我們都在日本打工度假

打工案例二 夢想遊遍全日本

姓　名：Kuma

性　別：女

打工方式：WWOOF換宿

蘇菲亞剛開始在美瑛車站上班的某一天，突然有一個臺灣女生跑來找我，說她從MOMO那邊知道有臺灣人在車站上班，於是趁著工作空檔特地過來打招呼。當時她正在美瑛車站正後方的民宿兼餐廳「丘之宿（こえる）」打工，她說朋友都叫她Kuma。

Kuma 來日本之前，申請了打工度假簽證，也加入了WWOOF的會員。有著雙子座喜愛追求新奇、有趣事物的特性，Kuma說她不想只在一地停留，所以一年內換了不同的地點打工、WWOOF和旅行，而這些地點橫跨了日本最北端的北海道、最南端的沖繩；最具日本文化特色的古都京都，以及流行時尚指標性城市東京。

不過因為地點和工作性質的不同，Kuma也分別經歷了一些愉快和不愉快的經驗。比方說，Kuma曾在民宿打工，但在第一個月支薪後，卻發現時薪跟當初和雇主所談不符，當提出質疑時雇主卻以她是新人為由推托不理。沒想到了第二個月，雇主更加變本加厲擅自更改她的工作時數，以致她損失了更多應得的薪資。氣憤之下，Kuma原本想要報警處理，卻因當初沒與對方簽下任何契約可提供證明，不得已打消念頭。

因此Kuma建議欲前往日本打工度假者，若所尋找之打工單位並非一般公司行號或大型企業的話，最好與業者簽定打工契約或協議書，詳列工作時數與薪資等事項，雙方各持一份存檔，有憑有據，才能避免損失。

除此之外，Kuma也曾到Youth Hotel（簡稱：YH）當Helper打工。她說Helper在紐澳很流行，就是在青年旅館打工換宿。打工者可居住在旅館內，白天幫忙打掃旅館，打掃完之後，就是自由活動的時間。有些地方除了住宿之外也會提供伙食，不過大部分只提供住宿。

相較於有可能被強迫超時的一些工作，YH Helper的工作相對輕鬆，工作結束後

也有充裕的私人時間，可同時再找另一份打工或是出外旅行。Kuma分別在小樽、沖繩及京都的YH和Guest House都當過Helper，因為和雇主相處融洽，也有時間能和朋友們見面出遊，她說自己是在這段時間才真正體驗到打工度假的美好。

　　除了以上這些打工經驗外，最特別的是Kuma也進行了WWOOF，分別在牧場、民宿等地換宿，但是遇到的多半是不愉快的經驗，例如，出發前連絡好的幾家投宿地，卻在出發前有兩家卻突然失聯，影響到她的後續行程，還有雇主對待她的態度惡劣，無預警擅自提前將她解僱。無奈的是想投宿也無門，因為WWOOF組織沒有聯絡電話，她把這樣的情形寫e-mail跟 WWOOF官網聯繫，卻始終沒有得到任何回應。讓她感覺繳交了會員費用，卻沒有實質的保障。

　　當然也不是所有的雇主都很差勁，只有某些心態不正確的雇主才會把WWOOFer當成免費勞力。那要怎麼避免遇到雇主的不良對待呢？Kuma建議可以透過會員網站上WWOOFer給予的評價來判斷。正面評價多的雇主，優點一定比較多，但相對的也會有比較多人想報名，所以競爭較激烈，須提早聯繫。至於有負面評價的雇主也不一定真的不好，可參考WWOOFer們給的評價內容，可能有些只是雞毛蒜皮的小缺點，可以自己評量能否接受。

　　這麼說來，蘇菲亞覺得找WWOOF換宿的感覺有點像在拍賣網站購物，有可能買得物超所值，也有可能受騙上當，愛冒險的人可能比較適合。另外，關於WWOOF的環境設備，Kuma也提醒大家事前要謹慎挑選，因為有些雇主提供的住處沒有網路，或者位置太偏僻連手機都收不到訊號，甚至還有不提供浴室必須自己花錢上澡堂的，條件差異非常大，要格外注意。其中還有一點需要特別小心，若是住宿是與雇主或其他WWOOFer同住的話，女生要提高警覺保護自身安全與保管私人財物，畢竟WWOOF組織並不提供這方面的保障。

我們都在日本打工度假

派遣女王的青春18旅

姓　名：Hazuki

性　別：女

打工方式：派遣工作

為了抓住青春的尾巴以及自己生涯規畫的緣故，原本已有日文底子的Hazuki決定離開職場，選擇到神戶展開打工度假的新生活。地點選在神戶的原因是念語言學校時已經待過了東京，而以前去神戶時，印象中那裡是有美麗夜景的港口小城市，既然有中華街又是港口，感覺對外國人的接受度比較高，貿易方面的工作應該也不少，所以就這麼決定了！

拜先前工作了幾年，身邊還有一些積蓄之賜，所以Hazuki在找工作的時候，堅持寧缺勿濫。也因此花了半年的時間經歷過大大小小的面試，有正職、契約社員、預定介紹派遣、派遣、還有一般打工，最後終於透過派遣公司找到了現在的派遣工作。工作內容是在明石的一間熱水器製造商的本社工廠當採購。

Hazuki在這間公司負責的零件大部分都是從中國買進來的，只有小部分是從歐洲買進來，剛好可以運用到她的語言優勢。剛開始工作主要是幫忙製作一些進出口文件、追料，以及零件送來的驗品結果和投訴，有時可能還需要幫忙翻譯，後來才慢慢碰觸到價錢的部分。而這份工作遇到的最大難題是，在面試時並不曉得原來這份工作要用到這麼多英文，讓她有點吃不消，為了免除後患她最後甚至還鼓起勇氣報名了多益英語測驗。我想這就是工作的一部分，會遭遇到許多無法預期的事情。

雖然找到這份工作前花了不少時間，但是她卻一點都沒有浪費，在面試的空檔，她利用了JR在夏冬兩季限定發行的「青春18」旅遊通票，在日本做旅行。這是一種沒有年齡、身分限制，通票中包含五張可以無限次免費乘坐由南到北、九州到北海道，縱貫整個日本的JR線普通列車的一日卷，售價11,500日圓。

Hazuki分別在8月下旬到9月初每週固定找一天進行搭乘普通列車的慢旅，遊走了許多古城，也看遍了下町風情的景色。不過她也特別說因為「青春18」限定只能搭乘

普通車的關係，所以旅遊前的行程規畫也就顯得特別重要，否則一但沒控制好時間，錯過了一班車，再等下一班可能就要多花上一兩個小時。

除此之外，原本在臺灣就有學習韓文的Hazuki，還在日本報考了初二級的韓文檢定，並且以總分376分（滿分400）的高分過關。天秤座的Hazuki，力行邊玩、邊工作、邊學習，這樣豐富而平衡的生活，我想就是打工度假的真諦吧！

Hazuki說現在的派遣工作沒有補助交通費其實還蠻傷的，而且打工度假簽證無法加入雇用保險，就算失業了國家也不會有補給，雖然她健保（派遣保）跟國民年金都有加入，但這些費用都會從薪水裡扣掉。雖然正職與打工各有利弊，但Hazuki還是希望趁著打工度假簽證期限結束前，能夠找到一份正式的工作，拿到工作簽證以後繼續留在日本。

而且在工作之餘，她也會一邊進行「婚活（結婚活動）」、多認識朋友，希望能夠在日本找到適合談感情的對象。Hazuki對自己未來在心中已有藍圖，積極進取，是比較成熟的打工度假案例，希望也能給大家做為一個參考。

Hazuki的部落格
http://www.wretch.cc/blog/hazukifen

我們都在日本打工度假

打工案例四 在日韓國人就是愛臺灣

姓　名：UNee

性　別：女

打工方式：媒體娛樂業

跟UNee認識將近四年了，她是我在東京念語言學校時的同班同學，那時候我是短期生，而她是長期生，而長期生因為拿的是學生簽證，所以只要跟學校申請許可，就可以在校外打工。

跟大部分的留學生一樣，UNee剛開始是在餐飲業打工，例如速食店、壽司店等。等到語言學校課程結束之後，她又繼續念專門學校學習電腦多媒體影像設計，接著取得了專業證照，最後經由朋友的介紹，在一家韓國衛星頻道的日本分公司打工。最初只是做上字幕之類比較簡單的工作，後來漸漸學到一些影片剪輯的技術後，便也開始幫忙更進階的項目。又過了一兩年後，她已經成為在家裡接案子的自由工作者了，而且除了原本的韓國衛星頻道，也開始接其他娛樂公司的案子來做。

雖然UNee的案例並不屬於日臺打工度假簽證的範圍，但是，蘇菲亞還是認為

她的例子很適合給一些想在日本長期生活的朋友們參考。我當初認識UNee時她才二十二歲，年紀很小，但她卻很早就出社會，從高中畢業後就一直在SAMSUNG上班，聽她說當時總共存了300萬日圓才毅然來到東京。而之所以決定來日本念語言學校，只因為當初瘋狂迷戀的偶像是傑尼斯裡的山下智久。不過，在她來日本之前不久，因為看了幾部臺灣偶像劇，於是又對臺灣的偶像團體飛輪海產生了興趣，也是因為這樣我和她開始有了共通的話題，從此變成好朋友。

　　相信大家都知道，東京的花費貴得驚人，就連我當時去念語言學校都不敢多待，現在也只要每年能去玩個一兩次就滿足了。但是射手座的UNee卻有辦法靠著自己打工掙來的薪水，負擔學校的學費、每個月昂貴的房租、水電瓦斯等基本生活費，還能有跟朋友出去休閒玩樂的社交開支，竟然也活得好好的，真的很令人佩服。2010年底她又取得了新的工作簽證，為期三年。她特別說明，大多韓國朋友都只拿得到一年期的工作簽證，甚至拿不到，但是因為她學的是影像設計，有一技之長在身，又有證照，加上這方面的人才在日本比較缺乏，所以才能取得期限長一點的簽證，好的時候一個月收入可以高達三十五萬日圓左右呢。這點也可以給有打算在日本長住的朋友當參考。

　　本身對娛樂業就很有興趣的她也很樂在工作，所以即使這份工作常常需要熬夜趕工，她也從來不會抱怨。每隔一陣子存到一筆錢，她就會跑來臺灣找我或其他朋友帶她去玩，當然除了一般的觀光行程，最重要的還是追星，我也曾經透過關係讓她不用排隊就拿到飛輪海的簽名，朋友的爸爸更曾經帶她到機場去，拚了老命把她喜歡的偶像拉到一邊拍下珍貴的合照，被周圍的歌迷嫉妒得要死。臺灣對她來說有很多美好的記憶， UNee甚至想在東京多賺點錢後，再來臺灣長住，小小年紀就有這麼成熟的思考，我想她未來一定是會有所成就的。

2010. 夏

後記

開始時，只因為朋友的一句話：「妳可以出書啊」，於是我在夢幻打工出發之前，迅速完成了企畫書，並透過朋友的幫忙投遞給幾間出版社，經過幾次開會討論之後，確定了這本書花落麥田。

可能很多人跟我一樣，曾經以為寫書很簡單，尤其當看到書店裡琳琅滿目的書籍種類，有時候甚至會覺得這個年代好像什麼人都可以出書。

說實在，如果不是為了讓這本書的內容更豐富，我在北海道打工的生活可能可以過得更愜意，休假時就算是整天待在宿舍發呆也沒關係，但是我沒有，每天在車站工作時，我都一直在想，今天可以在部落格寫什麼主題，哪些特別的活動或景點可以寫進書裡等等，所以在將近六十天的時間裡，我很努力地工作，也很用力玩。

如果試著在北海道地圖上畫出我在這段時間內遊走過的路線，就會知道，簡直是不可能的任務。

　　但是玩和拍照再怎麼說都還是容易的，真正痛苦的過程，是等到回國之後才開始。

　　當開始下筆寫書之後，我才知道這有多不容易，畢竟，和在部落格寫網誌不同，網誌寫什麼只要自己高興就好，書，可是要拿出來賣的，必須顧慮到大眾的需要與喜好。所以一開始為了抓到適當的筆調，我和編輯花了不少時間來回溝通。

　　等到文章都寫完了，該修改的、該補充找資料的也都補齊了，更可怕的事情就來了，那就是整理照片。

　　粗略估算夢幻打工期間所拍攝的照片總共大約有數千張吧，來源有iPhone、GX100、MUJI即可拍，還有拿到薪水之後買的GF1，也有部份照片是由朋友提供。

　　光是把這些照片分章節放入不同的資料夾就花了不少時間，更何況其中有些照片還因為記憶卡損毀而遺失了，一度讓我焦急不已，所幸後來有朋友想辦法幫我救回了去日本最北端旅行時拍的照片，危機才終於解除，最後書的內容也因此而完整。記得我當時坐在電腦螢幕前看著一張張原本損毀的照片重新浮現在眼前時，斗大的淚滴立刻奪眶而出，因為那個景點一輩子可能就只會去那麼一次啊。

　　不僅如此，我在寫書的過程中也得到許多朋友的幫助，在此要特別感謝JR北海道、旅奇行銷、書傑、周軒、靜倫、Sue、MOMO、Kuma、Molly、見有、Fumi、Nina、Hazuki、UNee、Vic、Kelly&小侯、我的歌迷及所有推薦人。

　　更要謝謝麥田出版的所有工作人員，尤其是我的編輯錦豐，和我我設計工作室、Mox光。

　　沒有你們就不會有這本書的誕生。

　　最後，再給大家一個小小叮嚀，如果你對北海道旅遊有興趣，想要有更深入、即時的資訊可參考，不妨加入Facebook的「Real北海道粉絲團」，那裡除了隨時會update最新的北海道旅遊訊息，還有達人團會回覆網友問題，記得要多加利用喔！

　Real北海道粉絲團：http://www.facebook.com/hokkaidotrip

Wo-Ho！月薪30萬X玩樂50天，北海道打工度假去！

作　　　者／Sophia 陳綺萱
責 任 編 輯／蔡錦豐
封 面 設 計／張學善
內 頁 設 計／我我設計工作室
主　　　編／簡敏麗

總　經　理／陳逸瑛
編 輯 總 監／劉麗真
發 行 人／涂玉雲
法 律 顧 問／台英國際商務法律事務所 羅明通律師
出　　　版／麥田出版
　　　　　　台北市中山區104民生東路二段141號5樓
　　　　　　電話：(02) 2500-7696　傳真：(02) 2500-1966
　　　　　　blog：ryefield.pixnet.net/blog
發　　　行／英屬蓋曼群島商家庭傳媒股份有限公司城邦分公司
　　　　　　台北市民生東路二段141號11樓
　　　　　　書虫客服服務專線：02-25007718．02-25007719
　　　　　　24小時傳真服務：02-25001990．02-25001991
　　　　　　服務時間：週一至週五09:30-12:00．13:30-17:00
　　　　　　郵撥帳號：19863813　戶名：書虫股份有限公司
　　　　　　讀者服務信箱E-mail：service@readingclub.com.tw
　　　　　　歡迎光臨城邦讀書花園 網址：www.cite.com.tw
香港發行所／城邦（香港）出版集團有限公司
　　　　　　香港灣仔駱克道193號東超商業中心1樓
　　　　　　電話：(852) 25086231　傳真：(852) 25789337
　　　　　　E-mail：hkcite@biznetvigator.com
馬新發行所／城邦（馬新）出版集團【Cite(M)Sdn. Bhd.(458372U)】
　　　　　　11, Jalan 30D/146, Desa Tasik,
　　　　　　Sungai Besi, 57000 Kuala Lumpur, Malaysia.
　　　　　　電話：(603) 90563833　傳真：(603) 90562833

印　　　刷／中原造像股份有限公司
總　經　銷／聯合發行股份有限公司 電話：(02)2917-8022　傳真：(02)2915-6275
初 版 一 刷／2011年6月　著作權所有．翻印必究
定　　　價／新台幣350元 港幣：117元

國家圖書館出版品預行編目資料

Wo-Ho!月薪30萬X玩樂50天,北海道打工度假去! / 陳綺萱(Sophia)著. -- 初版. -- 臺北市
：麥田出版：家庭傳媒城邦分公司發行, 2011.06
　　面；　公分
ISBN 978-986-120-676-9(平裝附光碟片)

1.旅遊 2.副業 3.日本
731.9　　　　　　　　　　　　　　100003803

廣　告　回　函
北區郵政管理局登記證
台北廣字第000791號
免　貼　郵　票

英屬蓋曼群島商
家庭傳媒股份有限公司城邦分公司
104　台北市民生東路二段141號5樓

▼

請沿虛線折下裝訂，謝謝！

文學・歷史・人文・軍事・生活

編號：RV1010　　　書名：Wo-Ho！月薪30萬X玩樂50天，北海道打工度假去！

讀者回函卡

cite城邦媒體

謝謝您購買我們出版的書。請將讀者回函卡填好寄回，我們將不定期寄上城邦集團最新的出版資訊。

姓名：＿＿＿＿＿＿＿＿＿＿＿＿＿　電子信箱：＿＿＿＿＿＿＿＿＿

聯絡地址：□□□ ＿＿＿＿＿＿＿＿＿＿＿＿＿＿＿＿＿＿＿＿＿

電話：(公) ＿＿＿＿＿＿＿＿＿ 分機 ＿＿ (宅) ＿＿＿＿＿＿＿＿

身分證字號：＿＿＿＿＿＿＿＿＿＿＿＿＿＿＿＿ (此即您的讀者編號)

生日：＿＿＿年＿＿＿月＿＿＿日　性別：□男　□女

職業：□軍警　□公教　□學生　□傳播業　□製造業　□金融業　□資訊業　□銷售業
　　　□其他 ＿＿＿＿＿＿＿＿＿＿＿＿＿＿＿＿＿＿＿＿＿＿＿＿＿

教育程度：□碩士及以上　□大學　□專科　□高中　□國中及以下

購買方式：□書店　□郵購　□其他 ＿＿＿＿＿＿＿＿＿＿＿＿＿＿＿

喜歡閱讀的種類：(可複選)

□文學　□商業　□軍事　□歷史　□旅遊　□藝術　□科學　□推理　□傳記

□生活、勵志　□教育、心理　□其他 ＿＿＿＿＿＿＿＿＿＿＿＿＿＿＿

您從何處得知本書的消息？(可複選)

□書店　□報章雜誌　□廣播　□電視　□書訊　□親友　□其他 ＿＿＿＿

本書優點：(可複選)

□內容符合期待　□文筆流暢　□具實用性　□版面、圖片、字體安排適當

□其他 ＿＿＿＿＿＿＿＿＿＿＿＿＿＿＿＿＿＿＿＿＿＿＿＿＿＿＿＿

本書缺點：(可複選)

□內容不符合期待　□文筆欠佳　□內容保守　□版面、圖片、字體安排不易閱讀

□價格偏高　□其他 ＿＿＿＿＿＿＿＿＿＿＿＿＿＿＿＿＿＿＿＿＿＿

您對我們的建議：＿＿＿＿＿＿＿＿＿＿＿＿＿＿＿＿＿＿＿＿＿＿＿

＿＿＿＿＿＿＿＿＿＿＿＿＿＿＿＿＿＿＿＿＿＿＿＿＿＿＿＿＿＿＿

＿＿＿＿＿＿＿＿＿＿＿＿＿＿＿＿＿＿＿＿＿＿＿＿＿＿＿＿＿＿＿